Mira Lederer

Kinder als Opfer häuslicher Gewalt

Handlungsmöglichkeiten für Lehrkräfte

Bibliografische Information der Deutschen Nationalbibliothek:

Die Deutsche Nationalbibliothek verzeichnet diese Publikation in der Deutschen Nationalbibliografie; detaillierte bibliografische Daten sind im Internet über http://dnb.d-nb.de abrufbar.

Impressum:

Copyright © ScienceFactory 2018

Ein Imprint der Open Publishing GmbH

Druck und Bindung: Books on Demand GmbH, Norderstedt, Germany

Covergestaltung: Open Publishing GmbH

Inhaltsverzeichnis

1 Einleitung

> „Die Mama sollte in meinen Bett immer innen schlafen, weil er einmal gesagt hat, er
> bringt uns um. Nach der Schule wollte ich nach Hause, weil ich ja nie wusste, was
> passiert (Kerstin, 9)" (www.frauenhilfe-muenchen.de 2000, S. 5).

Mehr als 200.000 Kinder werden schätzungsweise jedes Jahr Opfer von Gewalt durch Erwachsene (vgl. www.zeit.de 2015). Dabei werden sie durch das Miterleben von häuslicher Gewalt schwerst traumatisiert (vgl. www.frauenrechte.de 2017).

Schule ist ein Ort, bei dem Kinder viel Zeit ihres kindlichen Lebens verbringen und auch ihre innerfamiliären Erlebnisse mitbringen. Auch traumatisierte Kinder nehmen ihre Gewalterfahrungen, die sie in der Familie erlebt haben, mit in den Unterricht. Dabei werden vor allem die Lehrkräfte mit betroffenen Kindern tagtäglich in der Schule und ihrem Unterricht konfrontiert. Meistens erkennen sie traumatisierte Kinder in Folge häuslicher Gewalt an Verhaltensauffälligkeiten wie zum Beispiel bei einem Schüler, der seinen Tisch mitten im Unterricht umwirft, laut schreit und dann aus der Klasse stürmt. Einige Zeit später wird er hinter den Mülltonnen des Schulgeländes gefunden, er zittert, ist leichenblass und hat einen abwesenden Gesichtsausdruck (vgl. Lohmann 2016, S. 8). Aber dieses Verhalten ist nicht die Regel. Wie können also Lehrkräfte mit betroffenen Kindern umgehen? Wie können Lehrkräfte traumatisierte Kinder mit häuslichen Gewalterfahrungen unterstützen und vor allem angemessen unterrichten bzw. beschulen? Die folgende Arbeit möchte sich tiefergehend mit diesen Fragen beschäftigen.

Um Lehrkräften Möglichkeiten einer Beschulung betroffener Kinder in dieser Arbeit aufzuzeigen, muss zunächst verstanden werden, was häusliche Gewalt und die damit einhergehende Traumatisierung für ein Kind und seine Entwicklung bedeutet. Daraus werden dann die Folgen einer Traumatisierung in Folge häuslicher Gewalt auf den Schulalltag übertragen und aufgezeigt. In einem nächsten Schritt wird die Bedeutung der Bindungstheorie und deren Nutzen in der Arbeit mit betroffenen Kindern im schulischen Umfeld verdeutlicht. Daraus sollen dann weitere Möglichkeiten und Handlungsräume für Lehrkräfte aufgezeigt werden. Darüber hinaus wird darauf hingewiesen, dass Lehrkräfte in ihrer Arbeit mit traumatisierten Kindern in Folge häuslicher Gewalt nicht alleine sind, sondern Hilfe durch Kooperationen mit außerschulischen Institutionen erhalten können. Ein Fazit und ein kurzer Ausblick auf weitere Möglichkeiten zur Beschulung traumatisierter Kinder in Folge häuslicher Gewalt runden diese Arbeit ab.

2 Zum Verständnis von häuslicher Gewalt

Um traumatisierte Kinder in Folge häuslicher Gewalt im Rahmen des Schulunterrichtes aufzufangen und einzubeziehen, muss zunächst der Begriff der häuslichen Gewalt verdeutlicht werden. Erst wenn verstanden wird, wie häusliche Gewalt entsteht und was für Folgen sie für Kinder hat, können Möglichkeiten einer individuellen Beschulung unter Einbezug spezieller Bedürfnisse erfolgen.

2.1 Was bedeutet häusliche Gewalt?

Familie wird im Regelfall als ein Ort verstanden, in der Familienmitglieder Liebe, Schutz, Geborgenheit und Sicherheit erfahren sollten. Leider kann genau dieser Ort auch von Gewalt geprägt sein.

Laut Habermehl (1999, S. 419) ist Familie der Ort, indem sich größtenteils Gewalt abspielt. Familienmitglieder, wie Frauen, Männer und Kinder werden von niemanden so oft geschlagen, wie von ihren nächsten Angehörigen. Und das, obwohl die Gesellschaft Familie als einen Ort der Liebe, Sicherheit und Schutz definiert. Kinder sind dabei die, die am häufigsten Opfer von Angehörigen werden und sie sind es die Gewalt gegen Kinder am meisten akzeptieren.

Lamnek und Ottermann (2012, S. 3) verstehen unter häuslicher Gewalt eine psychische, physische, sexuelle, verbale und gegen Gegenstände gerichtete Aggression, die der gesellschaftlichen Vorstellung über Sorge und Unterstützung widersprechen. Denn es handelt sich dabei um ein „abweichendes Verhalten", das sich entgegen den Normen und Erwartungen der Familie und Ehepartner richtet. Als Familie können zusammenlebende Personen in einer Ehe- oder einer Intimbeziehung mit und ohne Kinder verstanden werden, die ständig oder zyklisch zusammenleben. Intensiviert wird häusliche Gewalt durch gesellschaftliche Faktoren wie Langzeitarbeitslosigkeit der Eltern, unsichere Beschäftigungsverhältnisse, Ressourcenmangel oder aber auch Risikonachbarschaften, in der Familien mit ähnlichen Problemsituationen leben. Verstärkend wirken dabei gewaltaffine Norm- und Wertevorstellungen und soziale Abschottung (vgl. ebd., S.35). Dabei spielt die Bildungsschicht jedoch keine Rolle. Sicherlich kommt es in Familien mit niedrigem Einkommen vermehrt zu Gewalt, als bei Familien mit einem höherem Einkommen, allerdings entspricht dies nicht der Regel (vgl. Oberndorfer 1999, S. 14). „So muss der Schluss gezogen werden, dass physische Gewalt zwischen Ehepartnern in allen sozialen Schichten vorkommt, bei Armen wie Reichen, Gebildeten wie weniger Gebildeten (...)" (ebd.). Dazu muss gesagt werden, dass bei Gewalt zwischen den Ehepartnern auch die Kinder darunter zu leiden haben und somit selber Opfer von häuslicher Gewalt werden.

Häusliche Gewalt, bei denen Kinder zu Opfer werden, lassen sich in unterschiedliche Ausprägungsformen wie psychische, physische und sexuelle Gewalt definieren, wobei auch Vernachlässigung und das Wahrnehmen von Gewalt zwischen den Elternteilen als Teil der psychischen Gewalt zählt. Hinzu kommen Kindesmisshandlungen, welche ein weites Feld von Unterlassungen und Handlungen aufzeigen. Dabei kommt es zu Handlungen durch Personen, die zu einer ganzen Reihe von Verletzungen, Unterernährung, Krankheit, schwere Behinderungen und zum Tod führen können (vgl. Lamnek & Ottermann 2012, S. 140). Darüber hinaus wird häusliche Gewalt von einem Großteil der Kinder entweder selbst erlebt oder sie erleben diese sehr häufig als Augenzeugen innerhalb der Familie. Diese innerfamiliäre Gewalt findet überwiegend sequenziell über Tage, Wochen, Monate und Jahre im Verborgenen statt. Häusliche Gewalt zeigt sich nicht nur körperlich gegen Kinder, sondern kann auch psychisch durch seelische Misshandlungen wie Drohungen, Beschimpfungen, Abwertungen, Demütigungen, Erniedrigungen und Augenzeugenschaft erfolgen. Augenzeugenschaft in Form des Miterlebens der partnerschaftlichen Gewalt der Eltern (vgl. Besser 2013, S. 39). Daneben präsentiert sich häusliche Gewalt in unterschiedlichen Gewaltformen, die meist nicht getrennt voneinander auftreten, sondern vielmehr ineinander greifen und somit eine bedrohliche Gesamtsituation für das Kind ergeben können. Eine Form der häuslichen Gewalt findet körperlich statt, wenn tätliche Angriffe wie Würgen, Fesseln, Ohrfeigen, Faustschläge, Misshandlung mit Gegenständen etc. und im Extremfall mit tödlichen Folgen, angewandt werden. Eine weitere Form ist die sexualisierte Gewalt, die durch sexuellen Missbrauch, sexuelle Nötigung, Zwang zur Prostitution und Vergewaltigung auftritt. Auch psychische Gewalt durch Drohungen der Person etwas anzutun, erzeugen von Schuldgefühlen, Beleidigungen, Demütigungen, Essensentzug oder Einschüchterung sind als eine Form der häuslichen Gewalt zu verzeichnen. Als eine weitere Form existiert die ökonomische Gewalt, die durch Arbeitsverbote oder Zwang zur Arbeit, alleinige finanzielle Verfügungsmacht durch einen Elternteil stattfindet. Als letzte Form wird die soziale Gewalt genannt, die innerhalb der Familien auftritt und in Form von Isolation von der Außenwelt durch Kontaktverbot und Kontrolle ausgeführt wird (vgl. Wieners & Hellbernd 2000, S. 33f).

Der deutsche Kinderschutzbund definiert Gewalt an Kindern als

> „eine - bewusste oder unbewusste - gewaltsame körperliche und/oder seelische Schädigung, die in Familien oder Institutionen geschieht und die zu Verletzungen, Entwicklungsverzögerungen oder gar zum Tode führt und die somit das Wohl und die Rechte eines Kindes beeinträchtigt oder bedroht" (Deutscher Kinderschutzbund 2012, S. 5f).

Oberndorfer (1999, S. 13) zeigt auf, dass bei häuslicher Gewalt gegen Kinder Ohrfeigen oder Prügel noch im Bereich der normalen Erziehung angewandt werden. Er unterscheidet dabei Mütter die häufiger zu leichter körperlicher Gewalt (Ohrfeige, Klapse, Hauen) neigen und Väter die schwere körperliche Gewalt (Prügel, Schläge mit Gegenständen) als Erziehungsmittel anwenden. „Es scheint, dass Kinder immer noch als Besitz der Eltern angesehen werden, die nach Belieben geformt werden können, wenn nötig mit Gewalt" (ebd.). Auch wenn diese Aussage bereits älter als 15 Jahre ist, ist zu vermuten, dass diese Art der Gewalt heutzutage immer noch in vielen Familien ein Bestandteil der Erziehung darstellt und somit auch angewandt wird.

In diesem Sinne wird im Rahmen dieser Arbeit der Begriff der häuslichen Gewalt als eine Gewalt verstanden, die sich intrafamiliar, von Eltern ausgehend gegen das Kind oder den Jugendlichen, unabhängig des Geschlechts, richtet. Dabei ist zu berücksichtigen, dass nicht alleine eine Form der häuslichen Gewalt vertreten ist, sondern Gewalt in verschiedenen Dimensionen stattfindet wie psychisch, sexuell, körperlich und durch verschiedene Kontexte verschärft werden können, wie Arbeitslosigkeit oder ein problematisches Umfeld. Allerdings richtet sich häusliche Gewalt nicht nach dem Berufsstatus der Familien, sondern kommt in allen Milieuschichten vor. Schwierig ist eine Definition von häuslicher Gewalt dennoch, da die Abgrenzungen von Gewalt und nicht Gewalt innerhalb der Familie und somit auch gegen Kinder nicht klar gekennzeichnet sind. Des Weiteren ist nicht zu erkennen, ob häusliche Gewalt auch unter Geschwistern stattfindet. Eindeutig hierbei ist aber dennoch, dass häusliche Gewalt dramatische und einschneidende Erlebnisse im Leben eines betroffenen Kindes darstellen, die wie im nächsten Kapitel aufgezeigt, nicht ohne Folgen bleiben.

2.2 Was bedeutet Traumatisierung?

Soeben hat sich gezeigt, wie drastisch und gefährlich häusliche Gewalt für Kinder sein kann. Ist solch eine Konfrontation wiederkehrend und findet über eine gewisse Zeitspanne statt, kann dies für ein Kind dramatische Konsequenzen haben. Was genau Traumatisierung bedeutet wird im Folgenden aufgezeigt.

Kinder benötigen von Anfang an in ihrer Entwicklung die Unterstützung und Zuwendung der Eltern. Die Persönlichkeitsstruktur bei Kindern ist nicht ausreichend gefestigt, so dass bereits kleine Auslöser ausreichen um sie zu traumatisieren. Jedes Kind reagiert auf Ereignisse unterschiedlich. Manche Kinder entwickeln Ängste oder reagieren mit Rückzug oder Verleugnung (vgl. Thom 2009, S. 3).

Eckhardt (2013, S. 10) beschreibt zudem zwei Traumatypen von denen Kinder betroffen sein können. Zum einen Typ I, der bei plötzlich eintretenden kurzen Ereignissen stattfinden kann. Das kann zum Beispiel ein Unfall sein, bei dem das Kind beteiligt ist und eine momentane Angst um das eigene Leben erfährt. Typ II hingegen beschreibt traumatische Ereignisse, die sich zum einen wiederholen und zum anderen über einen langen Zeitraum andauern. Dieser Typ kann nach Erlebnissen wie häuslicher Gewalt, Trennungen oder Umzügen entstehen. Im Laufe der Zeit verliert das Kind dabei das Vertrauen in die Welt und sich selbst.

Trauma wird auch verstanden als eine, durch das subjektive Erleben, völlige Hilflosigkeit, Ausgeliefert sein und einer Ohnmacht. Dabei sollte aber zusätzlich berücksichtigt werden, dass Traumata von jedem Menschen unterschiedlich aufgenommen und verarbeitet werden. Objektiv kann das Ereignis sehr traumatisierend wirken, allerdings entscheidet die subjektive Wahrnehmung wie intensiv und schmerzhaft die Traumatisierung erfolgt. Das bedeutet, dass die Bewältigungsfähigkeit individuell entwickelt wird. Der Begriff „Trauma" sollte somit nicht nur aus der objektiven Perspektive der Art des beobachtbaren Ereignisses, sondern vielmehr aus der subjektiven Sicht, also des Opfers in seiner subjektiven Realität verstanden werden (vgl. Wöller 2006, S.11).

> „(...) Trauma stellt demnach eine plötzliche Diskontinuität des körperlichen und psychischen Erlebens dar, ein nicht erwartetes Eindringen äußerer Kräfte in die psychische Organisation" (ebd.).

Ein traumatisches Erlebnis kann somit als

> „(...) ein vitales Diskrepanzerlebnis zwischen bedrohlichen Situationsfaktoren und den individuellen Bewältigungsmöglichkeiten, das mit Gefühlen von Hilflosigkeit und schutzloser Preisgabe einhergeht und so eine dauerhafte Erschütterung von Selbst- und Weltverständnis bewirkt" (Fischer u. Riedesser 1998, S. 79), verstanden werden.

Eine weitere Traumatisierungsdefinition findet sich im ICD-10-GM, einem deutschen gültigen und aktuellen Diagnoseklassifizierungssystem der Medizin. Dort wird Trauma als „Traumatische Neurose" unter F43.1 Posttraumatische Belastungsstörung aufgeführt. Dabei wird das Trauma als eine psychische Störung beschrieben, welche meistens durch ein oder mehrere gravierende Erlebnisse hervorgerufen und durch die betroffene Person noch nicht verarbeitet wurde. Trauma

> „(...) entsteht als eine verzögerte oder protrahierte Reaktion auf ein belastendes Ereignis oder eine Situation kürzerer oder längerer Dauer, mit außergewöhnlicher Bedrohung oder katastrophenartigem Ausmaß, die bei fast jedem eine tiefe Verzweiflung hervorrufen würde" (ICD-10-GM Version 2017).

Ein Trauma kann über einen lang anhaltenden Zeitraum chronisch werden und zu einer Persönlichkeitsveränderung führen (vgl. ebd.).

Eckhardt (2013, S. 12) beschreibt ein Trauma als ein einschneidendes Erlebnis, wodurch das bisherige Leben langfristig negativ verändert wird und vorhandene und bekannte Bewältigungsmechanismen nicht anzuwenden sind. Das Erlebnis kann nicht verarbeitet werden. Dies bezieht sich auf plötzliche Traumata sowie auf Traumata die sich über einen längeren Zeitraum erstrecken (vgl. ebd., S. 9). Kinder sind dabei, anders als Erwachsene, ihrer Umwelt wesentlich mehr ausgesetzt und empfinden daher Veränderungen innerhalb der Familie, wie zum Beispiel Trennung der Eltern oder Tod eines Familienmitgliedes, oft als eine Katastrophe (vgl. ebd., S. 12). Welche Faktoren Erlebnisse für Kinder zu traumatischen Situationen werden lassen, beschreibt Krüger (2010, S. 19).

> „Eine traumatische Situation bedeutet für ein Kind eine extreme, existenzielle Bedrohung. Dabei kann das Kind entweder sich selbst sowie seine körperliche und seelische Einheit oder andere Menschen als bedroht erleben" (ebd.).

Schafft das Kind es nicht, sich selbst oder den anderen aus dieser extremen Not zu befreien, sondern verfällt in das Gefühl der Ohnmacht, dann befindet es sich in der „Traumafalle". Das bedeutet für das Kind, dass kein Ausweg aus der Bedrohung zu erkennen ist und somit das extreme Gefühl der Hilflosigkeit entsteht. Das durch das Kind zunächst entwickelte Selbstbewusstsein und das Vertrauen in seine Umwelt wird bei solch einer Erfahrung langfristig zerstört oder geht ganz verloren (vgl. ebd.). Traumatische Ereignisse für Kinder können unter anderem unausweichliche Lebensbedrohungen für sich selbst und eine nahestehende Person sein. Dies können zum Beispiel gewalttätige Auseinandersetzungen zwischen den Eltern sein, welche das Kind miterlebt oder bei der es selbst zum Opfer wird. Auch das elterliche Versagen in einer Gewaltsituation kann zu traumatischen Ereignissen und Folgen für das Kind führen, wenn die Eltern eine bestehende Gewaltsituation nicht unterbrechen oder das Kind dabei nicht schützen können.

Die grundsätzliche Bedrohung durch einen nahestehenden Menschen, bei Gewaltanwendungen ist somit ein traumatischer Einflussfaktor, der bei dem Kind Lebensängste, Ohnmacht, Erstarrung und akute Bewusstseinsabspaltung hervorrufen kann. Zusätzlich versagen die biologisch verankerten Flucht- und Kampfreaktionen, was zu einem hilflosem Ausgeliefertsein führt (vgl. ebd., S. 21). Wenn Kinder durch häusliche Gewalt immer wieder eine zu Traumata führende Extremsituation durchleben, können sie auch nach Wochen und Jahren wieder in diese Situation zurückgerufen werden. Dies kann bei sogenannten Psychotrauma- Folgestörungen passieren, bei denen der psychische Apparat des Kindes mit seinen Wahrnehmungsorganen, Ohren, Augen und Nase, die Gegenwart mit der Vergangenheit vertauscht. Dabei wird dem Bewusstsein des Kindes das traumatische Erlebnis vorgetäuscht. Diese sogenannten „Trigger" können scheinbar ohne Grund im alltäglichen Leben zu wiederkehrenden traumatischem Stress führen. Auslöser dafür können unter anderem Bilder, Gerüche, Jahreszeiten, körperliche Berührungen, Geräusche, Landschaften und Örtlichkeiten, Menschen mit Ähnlichkeiten zum Täter und Konfliktsituationen sein (vgl. ebd., S. 23f). Als Beispiel dazu, kann ein traumatisiertes Kind im alltäglichen Schulunterricht plötzlich Panik bekommen, wenn die Lehrkraft es an den Arm fasst. Diese entscheidende Situation erinnert das Kind an die Gewaltausbrüche der Eltern, bei dem es sich selbst in der Opferrolle befunden hat.

Durch immer wiederkehrende Stresssituationen in Verbindung mit den erlebten traumatischen Ereignissen kann es zu einer Traumafolgestörung, einer posttraumatischen Belastungsstörung (PTBS), kommen. Signifikant bei der PTBS ist das Wiederinszenieren der Ereignisse in Tagträumen oder durch Nachspielen mit Spielsachen, sowie das Vermeiden an Erinnerungen an das Trauma durch Gespräche oder Situationen. Das PTBS tritt meistens innerhalb sechs Monate nach dem

Belastungsereignis oder der Belastungsperiode auf (vgl. Rosner & Steil 2013, S. 3).

Es lässt sich erkennen, dass zum einen häusliche Gewalt bei Kindern zu Traumatisierungen führen, die ihre Bewältigungsfähigkeit stark einschränkt oder lähmt und sie somit aus der belastenden Situation selber nicht mehr herausfinden. Zum anderen, dass Traumata ernsthafte Auswirkungen auf das kindliche Leben haben und betroffene Kinder auch nach Jahren durch die Folgen der traumatischen Erlebnisse nachteilig belastet sein können. Daraus entsteht die Vermutung, dass die kindliche Entwicklung eines traumatisierten Kindes in Folge häuslicher Gewalt stärker beeinflusst wird als bei Kindern ohne traumatische Erlebnisse. Diese „beeinflusste" kindliche Entwicklung scheint ein wichtiger Aspekt für die Beschulung der betroffenen Kinder darzustellen, da die Entwicklung im Schulalter noch nicht abgeschlossen ist.

2.3 Folgen eines Traumata, ausgelöst durch häusliche Gewalt, für die kindliche Entwicklung

Wie im vorangegangen Kapitel aufgezeigt, wirken sich traumatische Erlebnisse, wie durch häusliche Gewalt, extrem belastend und nachhaltig auf das kindliche Leben aus. Wenn ein traumatisiertes Kind nun so von den dramatischen Ereignissen gefangen ist und dies langfristig, wird sich dieser Prozess auch auf die Entwicklung des Kindes auswirken.

Der deutsche Kinderschutzbund beschreibt in seinem Jahresbericht 2015 die Folgen für Kinder durch häusliche Gewalt. Diese können dramatisch sein. Es kann zu kognitiven Beeinträchtigungen, aggressiven Verhalten, Traurigkeit, Ängstlichkeit, Rückzug und zu Schulproblemen bis hin zu einer posttraumatischen Belastungsstörung kommen. Zusätzlich kann häusliche Gewalt das Gewaltverhalten des Kindes negativ unterstützen (vgl. Kinderschutz-Zentrum Hannover 2015, S. 9). Auch in unterschiedlichen Studien fasste Dlugosch (2010, S. 59f) folgende traumatische Auswirkungen von häuslicher Gewalt auf die kindliche Entwicklung zusammen. Es können Entwicklungsstörungen im visuell-motorischen, verbal-sprachlichen und im kognitiven Bereich entstehen. Dies führt zu Konzentrationsstörungen und Lernschwierigkeiten, welche sich negativ auf die geistige Entwicklung auswirken. Auch in der Entwicklung des Sozialverhaltens kommt es zu Defiziten. Dies zeigt sich in aggressiven Verhaltensmustern, unangemessener Konfliktbewältigung und auch im Aufbauen von Sozialkontakten. Damit einher gehen Einschränkungen in der Fähigkeit zur Empathie und Perspektivwechsel, was sich negativ in zwischenmenschlichen Beziehungen zeigt. Zudem führen kindliche Gewalterfahrungen zu einem erhöhten Risiko der späteren eigenen Gewalttätigkeit und Jugenddelinquenz. Diese Verhaltensauffälligkeiten äußern sich in der kindlichen Entwicklung in Form von depressiven und psychosomatischen Symptomen, wie erhöhter Aggressivität, extremer Ängstlichkeit und geringem Selbstwertgefühl. Darüber hinaus erklärt Rudolph (2007, S. 30), dass die Spannbreite der Reaktionen von Kindern auf häusliche Gewalt enorm ist. Denn „… ein sehr stilles, angepasstes Kind, das in der Schule stets gute Leistungen bringt, [ist ebenso betroffen (Anm. d. Verf.)], wie ein Kind, das äußerst reizbar und aggressiv ist" (ebd.).

Dabei reagiert das kindliche Gehirn grundsätzlich anders auf Stresssituationen, als das erwachsene. Es muss komplexe Verarbeitungsprozesse erst noch entwickeln, da es neuronal noch nicht stabil vernetzt ist. Durch traumatische Gewalterfahrungen nutzen Kinder viel häufiger und rascher ihre Notfallreaktionen. Tritt dieses Vorgehen sehr häufig auf, entstehen somit immer fester verknüpfte neuronale Netzwerke für Notsituationen. Zwar sind diese Funktionen nur für das Überleben geeignet, dennoch bildet sich ein festes Fundament, welches die Grundlage für die Gehirn- und die spätere Persönlichkeitsentwicklung darstellt. Da traumatisierte Kinder in Gewaltsituationen keine Sicherheit erfahren können, bilden sich zudem Bindungsstörungen, die dazu führen, dass kleinste Frustrationen oder Mißerfolgserlebnisse das bekannte Notfallmuster mit Kampf, Flucht und Dissoziation hervorrufen. Kindliche Gehirne und ihre Persönlichkeitsentwicklung haben sich demnach an eine Struktur der Gewalt in Form von Durchkommen, Überleben und Anpassen gewöhnt. Dies führt zu neuronalen fest verankerten Mustern die die kindliche Wahrnehmung, das Fühlen und Denken, ihre Körperreaktionen, Beziehungsverhalten und das Lern- und Leistungsverhalten bestimmen. Als Folgen treten unter anderem Hilflosigkeit, dissoziative Zustände, wie Nicht-reagieren-, Sich-nicht-mehr-rühren-können, Depressionen, Schmerz-und andere Körpermissempfindungen, Suizidimpulse, sowie aggressive Impulsdurchbrüche meist ohne erkennbaren Grund auf. Auch substanzgebundene Suchterkrankungen können als eine Folge traumatischer Erlebnisse durch häusliche Gewalt auftreten (vgl. Besser 2013, S. 48f).

Bei den Folgen einer Traumatisierung versagen die kindlichen Anpassungs- und Schutzmechanismen und führen zu unterschiedlichen neurophysiologischen und psychischen Beeinträchtigungen, wie auch zu einer tiefgehenden Störung der Bindungsfähigkeit (vgl. Krautkrämer-Oberhoff & Haaser 2013, S.70).

> „(...) es [das Kind (Anm. d. Verf.)] entwickelt eine verzerrte Wahrnehmung und ein instabiles Selbstkonzept, welches in einer mangelnden Affektkontrolle Vorschub leistet. Traumatisierte Kinder nehmen ihre Umwelt oftmals so wahr, als wenn ihnen jederzeit eine gleichartige Bedrohung erneut widerfahren könnte" (ebd.).

Infolgedessen entstehen Panikattacken, Überregtheitszustände, Impulsausbrüche, Zerstörungswut, Ängste und Stimmungslabilität die oftmals zu Flashbacks führen, indem betroffene Kinder die frühere Bedrohungssituation erneut durchleben (vgl. ebd.).

> „Brüche im Selbst, im Ich und den Objektbeziehungen machen es den Kindern schwer, sich reibungslos in ihre Umgebung einzufügen. Sie vermischen Realität und Fantasie, Vergangenheit und Gegenwart und die Wahrnehmungen von sich selbst und anderen" (Wagner 2013, S. 93).

Wagner (2013, S. 93) beschreibt weiter, dass traumatisierte Kinder ihre Gefühle und Handlungsimpulse nicht altersgemäß unter Kontrolle haben und somit Missverständnisse vorprogrammiert sind. Sie wirken unerreichbar und teilnahmslos aber reagieren bei kleinsten Reizen mit übermäßiger Aufregung. Zusätzlich leiden sie an plötzlich auftauchenden Erinnerungen oder Erinnerungslücken, haben Probleme mit Schlaflosigkeit und Alpträumen. Sie können kein Vertrauen zu Personen oder Institutionen aufbauen und diese werden dementsprechend als feindselig abgespeichert. Auch ihre kognitiven Leistungen sind beeinträchtigt und die Neugierde mit ihrer Umwelt in Kontakt zu treten ist eingeschränkt (vgl. ebd., S. 93).

Das bedeutet, dass Traumatisierungen in Folge häuslicher Gewalt schwerwiegend für die kindliche Entwicklung sein können. Sie führen dabei nicht nur zu kognitiven und psychischen Beeinträchtigungen, sondern auch zu massiven Veränderungen in der kindlichen Persönlichkeitsentwicklung. Wenn diese Kinder in der Schule unterrichtet werden sollen, müssen zunächst die Ursachen für ihre problematische Entwicklung erkannt werden. Denn erst wenn Ursachen bekannt sind, können Schritte unternommen werden, um betroffene Kinder in ihrer weiteren Entwicklung innerhalb eines schulischen Rahmens zu unterstützen.

3 Häusliche Gewalt und Bindungsfähigkeit

Entscheidend für die kindliche Entwicklung einschließlich der Persönlichkeitsentwicklung sind die Bindungserfahrungen. Diese werden, wie in Kapitel 2.3 bereits aufgezeigt, dazu gebraucht, ein stabiles Selbstkonzept zu entwickeln. Was durch traumatische Erlebnisse und ihren Folgen unmöglich wird. Dennoch ist Bindung ein wesentlicher Faktor nicht nur für die kindliche Entwicklung, sondern auch für Lernprozesse, die nicht nur zu Hause, sondern auch in der Schule gefordert sind.

3.1 Bindungstheorie

> „Daneben eignet es [das Kind (Anm. d. Verf.)] sich im Bindungsprozess Selbstvertrauen an und in der Folge ein gutes Selbstwertgefühl, und auf diese Weise verliert es, neugierig seine Welt erkundend, die Angst vor Neuem und Unbekanntem und tauscht sich gerne mit anderen über das, was es interessiert, aus – alles Qualitäten, die auch den Lernprozess von Kindern maßgeblich beeinflussen" (Koch 2016, S.1).

Das Zitat von Koch (2016, S. 1) zeigt auf, wie eine gute Bindung zu einem gesunden Selbstbewusstsein führen kann und Kinder infolgedessen ohne Angst ihre Umwelt erkunden können, was sich auch positiv auf Lernprozesse auswirkt.

Bowlby (2008, S. 21) einer der Pioniere zum Thema Bindungsforschung, beschreibt zu seiner Bindungstheorie, dass das Bindungsverhalten als ein Verhalten, bei dem das Kind (vgl. ebd.), besonders in früher Kindheit, bzw. im Säuglingsalter (vgl. Grossmann & Grossmann 2015, S. 23) die Nähe eines vermeintlich kompetenteren Menschen sucht, der bei Angst, Erkrankung, Müdigkeit oder bei Zuwendungs- und Versorgungsbedürfnissen für das Kind eine beruhigende Rückversicherung anbieten und gewährleisten kann (vgl. Bowlby 2008, S. 21). Dieses zeigt sich unter anderem durch Verhaltensweisen wie Rufen und Weinen des Kindes, welche die Zuwendung und Fürsorge bei der jeweiligen Bindungsperson auslösen. Auch wenn das Kind allein gelassen wird zeigt sich das Bindungsverhalten im Festhalten oder Folgen der Bindungsperson (vgl. Grossmann & Grossmann 2015, S. 23). Durch diese sensible Bindungsfigur fühlt sich das Kind geborgen, was sich auch in der späteren kindlichen Entwicklung positiv auswirkt (vgl. Bowlby 2008, S. 21). Das Bindungsverhalten eines Individuums ist somit teilweise nicht nur vom Alter und Geschlecht abhängig, sondern auch von den Lebensumständen und Erfahrungen mit den Bindungspersonen im jungen Alter (vgl. Grossmann & Grossmann 2015, S. 23).

Zusätzlich werden der Bindungstheorie nach Bowlby folgende Merkmale zugewiesen. Zum einen ist das Bindungsverhalten auf ein oder wenige besondere Individuen gerichtet. Zum anderen findet Bindung meistens über einen längeren Zeitraum statt, wobei früh erworbene Bindungen vor der Adoleszenz nicht leicht aufgegeben werden können, Bindungen nach der Adoleszenzphase können allerdings ergänzt oder ausgetauscht werden. Zusätzlich werden Bindungen durch viele unterschiedliche und intensive Gefühle begleitet, die auch den Erhalt und die Erneuerung der Bindung unterstützen, aber auch für Unterbrechungen der Bindung verantwortlich sein können. Ein weiteres Merkmal der Bindung besagt, dass sich das Bindungsverhalten bei Kindern gegenüber einer Bindungsperson innerhalb der ersten neun Monate entwickelt und sich dies bis zum dritten Lebensjahr weiter ausbaut und aktivierbar bleibt. Welches bei einer gesunden Entwicklung dann aber abnimmt. Darüber hinaus kann sich Bindung auch bei wiederholter Bestrafung durch die Bindungsperson entwickeln. Allerdings ist Bindung für das Kind erst optimal, wenn die Bindungsperson das Kind in unsicheren Situationen auffängt und tröstet, damit das Kind im Anschluss das Bindungsverhalten einstellt, um seine Umwelt erkunden zu können, mit dem Wissen, dass die Bindungsperson in greifbarer Nähe ist (vgl. Grossmann & Grossmann 2015, S. 24). Auch Julius (2009, S. 13f) beschreibt, dass die Bindungstheorie als eine vom Kind ausgehende emotionale instinktive Beziehung zu seiner Mutter oder einer gleichgestellten Pflegeperson zu sehen ist. Durch Verhaltensweisen wie brabbeln, weinen, lächeln wird die Bindungsfigur durch das Kind herbeigerufen und in seiner Nähe gehalten. Nachkrabbeln, Anklammern und Nachlaufen bringen das Kind der Bindungsperson aktiv näher und halten es fest. In den nächsten Lebensjahren werden diese Verhaltensweisen durch das Kind in einem eigenen Bindungsverhaltenssystem aufgenommen, welches sich auf eine bestimmte Bezugsperson ausrichtet. Als weiterer Faktor gehört zum Bindungsverhaltenssystem das Explorieren des Kindes. Dabei erkundet es seine Umwelt zum Beispiel durch spielen und durch Aktivitäten oder Kontaktaufnahme mit Gleichaltrigen. Das Explorationsverhalten ist dabei konträr zu dem Bindungsverhalten, denn ein Kind was sich sicher und wohl fühlt bewegt sich von seiner Bindungsperson weg, um seine Umwelt zu erkunden. Ist es aber verängstigt und fühlt sich unwohl, wächst sein Bedürfnis nach Nähe und das Bindungsverhaltenssystem wird wieder aktiviert.

Die Bindung stellt also eine enge länger andauernde emotionale Beziehung zu einer Bezugsperson dar, bei der Schutz geboten wird und diese dem Kind dabei hilft bei Verunsicherung und Traurigkeit seine Emotionen zu regulieren. Des Weiteren dient die Bindungsperson beim Explorieren als sicherer Hafen und sichert somit das Überleben des Kindes. Zusätzlich besagt die Bindungstheorie, dass das Bedürfnis nach Bindung angeboren ist und durch das Bindungsverhalten das Kind physische und psychische Nähe zur Bindungsperson herstellt und versucht diese aufrechtzuerhalten. Eine Bindungssicherheit kann nur aufrecht erhalten werden, wenn die Bindungsperson dem Kind emotionale Nähe, Körperkontakt, offene Gespräche und Zuwendung bieten kann (vgl. Piel, 2013, S. 10f).

Die Bindungserfahrungen die Kinder im Laufe ihrer Entwicklung erfahren, werden in unterschiedliche interne Arbeitsmodelle eingestuft. Die Qualität der Beziehungserfahrungen entscheidet darüber, ob sich das Kind in einem *sicheren, unsicher-vermeidenden, unsicher-ambivalenten* oder *desorganisierten* Arbeitsmodell von Bindung befindet (vgl. Julius 2009, S. 14). In einem *sicheren* Arbeitsmodell finden sich Kinder wieder, die eine sichere Bindung zu ihrer Bindungsfigur erleben. Sie erfahren diese als einfühlsam, zuverlässig und unterstützend, ebenso erfahren sie bei dieser Geborgenheit in belastenden Situationen. Dadurch können sie in ihrer Umwelt außerhalb emotional belastender Situationen frei explorieren. Zusätzlich sind sie in der Lage offen ihren Ärger und negative Gefühle zu äußern (vgl. ebd.). Befinden sich Kinder in dem Arbeitsmodell *unsicher-vermeidend*, verhalten sich ihre Bindungsfiguren eher zurückweisend und nicht unterstützend. Die Kinder verhalten sich dadurch beziehungsvermeidend und suchen in schwierigen Situationen keine Unterstützung bei ihrer Bindungsperson. Vielmehr zeigen sie ein erhöhtes Explorationsverhalten, welches als eine Verschiebung der Aufmerksamkeit weg von belastenden Situationen verstanden wird. Da sie keine Unterstützung erfahren, zeigen sie keine Gefühle wie Angst und Trauer und haben somit einen stark eingeschränkten Zugang zu ihren Gefühlen (vgl. ebd.). Im dritten Arbeitsmodell, *unsicher-ambivalent*, haben die Kinder bezüglich der Verfügbarkeit und Responsivität ein unberechenbares Bindungsverhalten ihrer Bindungsperson erfahren. Sie können sich somit über die Verfügbarkeit ihrer Bindungsperson in belastenden Situationen nicht sicher sein und suchen aus diesem Grund immer wieder deren Nähe. Das ambivalente Verhalten äußert sich indem zum einen anhänglichen Verhalten und zum anderen in einem massiven Ärger gegenüber ihrer Bindungsperson aufgrund der Nichtbeachtung. Das Explorationsverhalten ist dadurch negativ beeinflusst und kann nicht ausreichend umgesetzt werden (vgl. ebd.). Das vierte und letzte Arbeitsmodell des Bindungsverhaltenssystems greift dann, wenn Kinder in wiederkehrenden Extremsituationen, zum Beispiel das Miterleben häuslicher Gewalt, in eine hilflose Situation geraten, bei der sie keine Sicherheit ihrer Bindungsperson erfahren. Dieses *desorganisierte* Arbeitsmodell zeigt auf, dass Kinder die Quelle ihrer Angst darstellen (vgl. ebd.).

> „Ist das Kind öfter solchen Situationen ausgesetzt, führt dies zu einer häufigen oder gar chronischen Aktivierung seines Bindungssystems, ohne dass die Bindungsfigur diese hohe Aktivierung beendet, indem sie die Bindungsbedürfnisse des Kindes nach Nähe oder Rückversicherung befriedigt" (ebd., S. 15).

Die Anforderungen die sich den Eltern stellen, um ein sicheres Arbeitsmodell und somit eine gesunde Bindungsentwicklung ihres Kindes zu fördern, beinhalten zum größten Teil Verantwortung. Diese Verantwortung zeigt sich in der Fähigkeit Empathie und Einfühlungsvermögen gegenüber dem Kind aufzubringen, um wechselnde Bedürfnisse wahrzunehmen und von eigenen Bedürfnissen zu unterscheiden. Außerdem das eigene Verhalten zu reflektieren und zu beurteilen, um sich der Auswirkungen eigenen Handelns auf die kindliche Entwicklung bewusst zu werden. Insbesondere die Feinfühligkeit sollte dabei im Fokus stehen. Sie bedeutet die kindlichen Signale wahrzunehmen und zu interpretieren um dann angemessen auf sie zu reagieren. Feinfühligkeit zwischen der Mutter beziehungsweise der Bindungsperson (es kann auch der Vater oder eine andere Person sein) und dem Kind werden in vier Merkmalen erkennbar. Ein Merkmal hat die Voraussetzung zum Inhalt, dass die Mutter oder die Bindungsperson für die Bedürfnisse des Kindes überhaupt zugänglich und erreichbar ist. Ein weiteres Merkmal zeigt die richtige Interpretation der kindlichen Signale auf und zwar aus der Sicht des Kindes und nicht aus eigener Sicht. Das dritte Merkmal beschreibt das angemessene Verhalten der Mutter oder der Bindungsperson, welches in seinem Reaktionsmuster nicht über- oder unterstimuliert wird. Und das vierte und letzte Merkmal zeigt auf, dass die Bindungsperson prompt reagieren sollte, um eine unmittelbare Reaktion auf die Signale des Kindes zu gewährleisten. Denn dadurch versteht das Kind die Reaktion als Folge des eigenen Handelns. Somit zeigt sich, dass die Mutter oder die Bindungsperson mit ihrem Verhalten Einfluss auf das Bindungsmuster des Kindes hat.

Grossmann & Grossmann (2015, S. 109) greifen dazu die von Ainsworth (1964), einer Entwicklungspsychologin und einer Vertreterin der Bindungstheorie, getroffene Aussage auf, in der sie die aktive Initiative innerhalb des Bindungsverhalten beschreibt. Denn die Interaktion zwischen dem Kind und seiner Bezugsperson sind als eine Reihe von Handlungen im gegenseitigen Austausch zu verstehen, entweder durch ein Verhalten dass durch die Bindungsperson stattfindet, auf dass das Kind reagiert oder durch das Verhalten des Kindes welches durch Signale und Annäherungsversuche eine Reaktion bei der Bindungsperson hervorruft.

Das bedeutet, dass das Bindungsverhalten des Kindes nicht einseitig durch die Mutter beeinflusst wird, sondern vielmehr durch mehrere Wechselwirkungen zwischen Bindungsperson und Kind in Form von körperlicher Nähe und Interaktionen.

Darüber hinaus speichert das Kind Verhaltensweisen der Bezugsperson bei Trennung, Schmerz oder anderen Situationen ab, um immer wieder darauf zurückgreifen zu können. In fremden Situationen zeigt die Mutter ihrem Kind automatisch Verhaltensmuster, dem sich das Kind anpasst und somit eigene Bindungsstrategien zu verschiedenen Situationen aneignet. Diese sichere Bindung zwischen Mutter und ihrem Kind bietet ideale Voraussetzungen für eine gesunde Persönlichkeitsentwicklung (vgl. Piel 2013, S. 14f). Bei traumatisierten Kindern in Folge häuslicher Gewalt kann sich kein sicheres Bindungsverhalten zu dem Kind entwickeln, wenn die Bindungsperson dem Kind gegenüber Desinteresse, keine Geborgenheit, Liebe oder Anerkennung und vor allem keinen Schutz bei Gefahrensituationen zeigt beziehungsweise anbietet. Keine Reaktionen auf Fragen und Interaktionsversuche zeigt, sowie wechselhaft und nicht nachvollziehbar auf die Signale des Kindes eingeht. Das Kind fühlt sich infolgedessen als nicht liebenswert und akzeptiert und entwickelt ein negatives Selbstwertgefühl. Zwar stellen solche Anzeichen eines unsicheren bzw. desorientierten Bindungsverhalten nicht unbedingt eine Bindungsstörung dar, allerdings ist die Bindungsqualität dennoch instabil und geschädigt. Denn ein Kind mit einem desorientierten Bindungsverhalten kann in einer Stresssituation keine Strategie zur Bewältigung abrufen und einsetzen (vgl. ebd., S. 35).

> „Die fehlende Liebe und Akzeptanz, das fehlende Interesse an dem Kind, die unzureichende Interaktion und Kommunikation mit dem Kind und die fehlende oder instabile Bindung zu dem Kind zwingen das Kind in eine Richtung, die geprägt ist von auffälligen Verhaltensweisen, psychischen und physischen Störungen und von einer verzögerten oder gehemmten Entwicklung" (ebd.).

Somit zeigt sich, dass die Bindungsbeziehungen bei häuslicher Gewalt aus bindungstheoretischer Sicht für Kinder eine Ausweglosigkeit darstellen. Sie sind in der Beziehung zu ihrer Bindungsperson mit einer für sie nicht lösbaren Situation konfrontiert. Ihr Bindungssystem wird gerade von der Person über die Maßen aktiviert, von der sie Schutz und Sicherheit erwarten und an die sie sich in belastenden Situationen instinktiv wenden. In Familien in denen Kinder häusliche Gewalt erleben, existieren keine schützenden Bindungsbeziehungen. Ihr angeborenes Bedürfnis nach Nähe wird in diesem Fall nicht befriedigt. Diese Situation zwingt sie zur Entwicklung von Strategien, die ihnen ein Umgang mit den Gewalt ausübenden Bindungspersonen ermöglicht. Dadurch entwickelt das Kind desorganisierte Bindungsbeziehungen, welche seine weitere Entwicklung negativ beeinflussen können.

Dennoch gibt es Möglichkeiten diese negative Entwicklung positiv zu beeinflussen. Dies ist jedoch sehr stark von den Resilienzen, sowie den Schutz- und Risikofaktoren des jeweils betroffenen Kindes abhängig.

3.2 Resilienzen, Schutz- und Risikofaktoren

Traumatisierte Kinder in Folge häuslicher Gewalt im schulischen Kontext aufzufangen kann nur geschehen, wenn Resilienzen und Schutzfaktoren des Kindes gefunden und aktiviert werden. Daraus können im weiteren Vorgehen Handlungs- und Interventionskonzepte abgeleitet werden. Diese Konzepte können dazu beitragen, dass Kinder trotz ihrer traumatischen Erlebnisse später ein zufriedenes Leben führen können.

Der Begriff Resilienz bedeutet, Schutzfaktoren zu haben die zu Widerstandsfähigkeit verhelfen. Bei traumatisierten Kindern beschreibt sie die Fähigkeit mit belastenden Lebensumständen relativ unbeschadet umzugehen und Bewältigungskompetenzen zu entwickeln. Zu diesen Schutzfaktoren gehören unter anderem ein positives Temperament, was durch Aktivität, Offenheit und Flexibilität gekennzeichnet ist (vgl. Jungmann & Reichenbach 2009, S. 11). Resilienz beschreibt zudem die Fähigkeit nach traumatischen Erlebnissen die kindliche Funktionsfähigkeit wiederherzustellen und zu erhalten. Dabei bezieht sie sich auf die psychische Widerstandsfähigkeit. Dabei ist Resilienz nicht als eine individuelle Eigenschaft zu sehen, sondern vielmehr als Ergebnis eines Prozesses, der sich in der Interaktion Kind-Umwelt vollzieht. Darin steht das Kind immer im Kontext seiner Lebensverhältnisse und Entwicklungsbedingungen (vgl. Zander 2010, S. 18f). Wustmann (2015, S. 28f) beschreibt drei Kategorien von Resilienz. Zum einen sieht sie Resilienz als einen dynamischen Anpassungs- und Entwicklungsprozess bei dem die Entwicklung des Kindes durch die Kind-Umwelt-Interaktion beeinflusst wird. Resilienz wird deshalb als dynamisch aufgezeigt, da an der Entwicklung zum einen die Person, also das Kind und zum anderen die Umwelt beteiligt sind. Denn was sich in frühen Jahren an positiven und stabilen Erlebnissen ereignet, wird im Laufe der Zeit die Bewältigungsstrategien begünstigen und dadurch passende Voraussetzungen für neue Anforderungen schaffen. Zusätzlich wirkt das Kind auch regulierend auf seine Umwelt ein, indem es sie konstruiert und mitgestaltet. Das bedeutet auch, in wie weit das Kind eine Stresssituation wahrnimmt, subjektiv bewertet und sich mit ihr auseinandersetzt. Dabei geht es nicht allein nur um das Kind als Individuum, sondern auch um die aktive Rolle die das Kind in einer Stresssituation einnimmt.

Zum anderen ist Resilienz als eine variable Größe zu sehen, als ein Konstrukt welches über die Zeit hinweg variieren kann. Zum einen kann das Kind die Fähigkeit besitzen schwierige Lebensereignisse erfolgreich zu überwinden, aber zu einem anderen Zeitpunkt es nicht schaffen, diese Situationen zu meistern. Auch dabei können vorübergehend und kurzfristig Entwicklungsprobleme auftreten, obwohl das Kind vorab als resilient eingestuft wurde. Hierbei benötigt das Kind Unterstützung, damit nicht die Gefahr besteht, dass es im Laufe seines Lebens nachträglich vulnerabel wird. Denn dabei können sich neue Vulnerabilitäten, Verletzlichkeit und Ressourcen während einer Stresssituation herausbilden. Zusätzlich gibt es in der kindlichen Entwicklung Zeiten erhöhter Vulnerabilität, zum Beispiel bei Transitionen wie den Übergang von Kindergarten in die Schule. In dieser Zeit werden erhöhte Anpassungsanforderungen an das Kind gestellt und somit auch erweiterte Bewältigungsstrategien (vgl. ebd., S. 30f). Als letzte Kategorie wird Resilienz als situationsspezifisch und multidimensional eingestuft. Dabei kann Resilienz die in einem spezifischen Bereich auftritt nicht automatisch auf alle anderen Lebensbereiche übertragen werden. Wenn ein Kind gegenüber seinen schulischen Leistungsfähigkeiten resilient ist, heißt dies nicht dass es auch gegenüber sozialen Kontakten und Beziehungen resilient ist. Das bedeutet, dass von einer situations- und lebensbereichspezifischen Resilienz gesprochen werden muss (vgl. ebd., S. 32f). Resilienz hat den Vorteil, dass sie bei traumatisierten Kindern in einer Kind-Umfeld-Interaktion im Laufe der Entwicklung dynamisch erscheint und dadurch veränderbar ist. Dies bietet somit Interventionsmöglichkeiten im pädagogischen Rahmen. So können durch positives Sozialverhalten, ein aktives Bewältigungsverhalten, ein positives Selbstwertgefühl, sowie eine gute Selbstwirksamkeitsüberzeugung verstärkt und gesichert werden. Soziale Schutzfaktoren, sogenannte Ressourcen, wie positive Freundschaftsbeziehungen und angenehme Schulerfahrungen können dabei Unterstützung bieten. Dabei ist zu berücksichtigen, dass der Entwicklungsverlauf von Risiko und Schutzfaktoren in einer Wechselbeziehung zueinander stehen. Denn das Kind trifft einerseits auf neue Stresssituationen und andererseits aber auch auf neue Ressourcen und

Schutzfaktoren, dabei findet es heraus, ob und wie weit es in der Lage ist die neue Anforderung zu bewältigen oder nicht. Auch pädagogische Kräfte können dies in ihre Beobachtungen aufnehmen und die Entwicklung negativ oder positiv beeinflussen (vgl. Jungmann & Reichenbach, S. 12f). „Suchen Sie auch in dem Kind, das Sie begleiten, nach resilienten Anteilen, die Sie fördern könnten. „Die sollten Sie mit dem Kind gemeinsam bei ihm ausfindig machen und entwickeln" (Krüger 2010, S. 168). Damit bei Kindern eine gute Resilienzentwicklung möglich ist, braucht es eine vertrauensvolle Beziehung zu einem anderen Menschen. Nun sind es bei häuslicher Gewalt meistens nicht die Eltern die die Rolle der Bezugsperson einnehmen. Es können auch andere Menschen für ein Kind eine Bezugsperson darstellen. Dies können pädagogische Fachkräfte sein, die mit Hilfe von Vertrauen, Wertschätzung und Respekt eine Beziehung zu dem Kind aufbauen. Dabei wird ein grundlegender und entscheidender Schutzfaktor entwickelt. Denn Kinder, die die Erfahrung machen, dass es jemanden gibt, der sich für sie interessiert und ihnen Dinge zutraut und sie unterstützt, können eine positive Selbstwahrnehmung entwickeln. Sie lernen, durch das Beobachten des Bewältigungsverhaltens in Konflikten der pädagogischen Fachkraft, eigene prosoziale Verhaltensweisen zur Bewältigung von Stresssituation (vgl. Gugel 2009, S. 210). Nuber (2005, S. 23ff) beschreibt dazu sieben mögliche Wege, die Resilienz auch im Kindesalter zu fördern.

1. Aufbau sozialer Kontakte innerhalb und außerhalb der Familie zur Stärkung des Selbstwertgefühls und zur Unterstützung in schlechten Zeiten.

2. Grundhaltung: Krisen im Leben eines Menschen sind etwas Normales und sollten nicht als unlösbare Probleme betrachtet werden. Dabei ist entscheidend wie damit umgegangen wird. Stresssituationen sind weniger belastend, wenn das Gefühl der Kontrolle vorhanden ist. Die positive Beeinflussung der eigenen Lebensumstände sind ein wichtiger Aspekt der Resilienz. Niemals die Hoffnung verlieren.

3. Wünsche und Ziele trotz Krisensituation versuchen zu realisieren.

4. Aktiv die „Opferrolle" verlassen, denn diese schwächt zusätzlich und dabei die Initiative ergreifen.

5. Menschen können aus Krisen lernen, sie wachsen und entwickeln trotz einer Krise ein intensiveres Lebensgefühl. Durch das Nutzen eigener Kompetenzen und Stärken in Krisenzeiten kann ein neues Selbstvertrauen entwickelt werden.

6. Durch die positiven Erfahrungen der letzten Krisenbewältigungen weitere Ressourcen und Bewältigungsstrategien entwickeln und dabei zukunftsorientiert handeln.

7. Für sich selbst sorgen, indem Zeit und Raum für angebotene Hilfen, Trauern, Nachdenken und Erholung geschaffen wird.

Resilienz ist sozusagen abhängig von dem Kind selbst, als auch von seiner Umwelt in der es lebt und mit der es sich auseinandersetzt. Zusätzlich ist Resilienz als kein starres Konstrukt zu verstehen, sondern als ein dynamisches, da sie situations- und lebensbereichsspezifisch beeinflussbar ist. Dennoch können Resilienzen bei Kindern gefördert werden, wenn positiv beeinflussende Bezugspersonen vorhanden sind. Des Weiteren ist Resilienz in Risiko- und Schutzfaktoren zu unterteilen. Beide für sich können dabei nicht einzeln betrachtet werden, sondern beeinflussen sich gegenseitig. Vor allem ist die Perspektive wichtig, in der sie auftreten.

Risikofaktoren sind Faktoren die sich negativ und störend auf die Resilienz des Kindes auswirken können und somit auch seine Entwicklung nachteilig beeinflussen können. Es werden dabei zwei Risikofaktoren unterschieden.

Zum einen eine *Vulnerabilität,* diese beinhaltet alle Bedingungen, die sich auf die psychologischen und biologischen Merkmale eines Kindes beziehen. Dies können Defizite, Defekte oder auch Schwächen des Kindes sein, welche sich in primären und sekundären Vulnerabilitätsfaktoren unterscheiden. Bei einer primären Vulnerabilität können Benachteiligungen durch Frühgeburten, Geburtskomplikationen oder Ähnlichen entstehen. Die sekundäre Vulnerabilität hingegen befasst sich mit der Auseinandersetzung zwischen dem Kind und seiner Umwelt und was es dadurch erlernt, zum Beispiel ein negatives Bindungsverhalten (vgl. Wustmann 2015, S. 36f). Zum anderen die sogenannten *Stressoren,* die an die Bedingungen der sozialen Umwelt eines Kindes anknüpfen. Dies können ein niedriger sozio-ökonomischer Status, Arbeitslosigkeit oder auch Armut sein. Aber auch eine elterliche Trennung oder Scheidung, sowie häufig wechselnde Partnerschaften gelten als Stressoren. Aber auch ungünstige Erziehungspraktiken, wie körperliche Strafen oder ein passives Beaufsichtigungsverhalten werden den Stressoren zugeordnet (vgl. ebd., S. 38). Im Rahmen der Resilienzforschung bei Kindern konnte festgestellt werden, dass unterschiedliche Risikofaktoren überwiegend zusammen auftreten können und sie somit als Indikator zu verstehen sind (vgl. ebd., S. 40).

Wenn sich beispielsweise Eltern scheiden lassen, wirkt dies auf den ersten Blick als ein Risikofaktor für das Kind und seine Entwicklung. Denn wenn vor der Scheidung ein stabiles Familienkonstrukt bestand, so ist eine Scheidung als ein Risikofaktor für das Kind anzusehen, da es mit weiteren stressvollen Ereignissen konfrontiert werden kann, wie zum Beispiel eine veränderte Tagesstruktur, Verlust eines Elternteils oder ein Schulwechsel. In Bezug auf einen anderen Kontext allerdings kann dies ganz anders aussehen. Wenn vor der Scheidung ein innerfamiliärer Konflikt bestand und zwar indem der Vater gegenüber seinem Kind gewalttätig war und durch die Scheidung kein Kontakt mehr zu dem Kind besteht, dann ist die Scheidung für das Kind viel mehr ein Schutz- als ein Risikofaktor und scheint auf lange Sicht einen positiven Effekt auf die Entwicklung zu haben (vgl. ebd., S. 49f).

> „Es können so bisherige Risikofaktoren in Schutzfaktoren umgewandelt werden. Auch kommt es darauf an, dass Kinder die Schutzfaktoren selbst auch als hilfreich erleben und innerlich annehmen, damit sie ihre Wirkung entfalten können. Andere Schutzfaktoren sind vielleicht eher hinderlich, wenn sie zur falschen Zeit oder am falschen Platz angeboten werden" (Jaede 2007, S. 46f).

Es ist davon auszugehen, dass traumatisierte Kinder in Folge häuslicher Gewalt nicht nur den Risikofaktor der Gewalt erleben, sondern auch die damit einhergehenden negativen Einflüsse, wie zum Beispiel Abnahme der schulischen Leistungen, psychische Belastungen wie Selbstfindungsstörungen, unbeständige innerfamiliäre Lebensbedingungen und vielleicht noch viele weitere Risikofaktoren.

Allerdings sollte bei der Betrachtung von Risiko- und Schutzfaktoren darauf geachtet werden, dass sie nicht grundsätzlich als einer der beiden Faktoren gesehen werden, denn es kommt auf die Perspektive und den Kontext der Situation an, welche zu einem Schutz oder einem Risiko führt. So können risikoerhöhende und -mildernde Situationen auf der einen Seite negative und auf der anderen Seite, in einem anderen Kontext, positive Auswirkungen haben.

Schutzfaktoren hingegen dienen dazu, die kindliche Resilienz zu verbessern. Dabei bezieht sich die Resilienz auf individuelle kindliche Schutzfaktoren, denn diese können durch eine durchschnittliche intellektuelle Fähigkeit gestützt werden, die zu kognitiven Kompetenzen führen. Aber auch Temperamentsmerkmale wie Kontaktfreudigkeit, Anpassungsfähigkeit, Aktivität und Robustheit stärken die Schutzfaktoren eines Kindes in seiner Resilienz. Des Weiteren können auch andere Faktoren zu einem kindlichen Schutz führen, wenn sie sich positiv auf die Selbstwirksamkeit und Selbstkontrolle auswirken und Gefühle nicht nur wahrnehmen, sondern sie auch ausdrücken und mitteilen können. Auch eine aktive Problembewältigung durch nicht ausweichendes Verhalten im Umgang mit Belastungen können dem Kind die Möglichkeiten eröffnen, Krisen besser zu bewältigen. Zusätzlich bestimmen auch Schutzfaktoren der Familie und des Umfeldes die Entwicklung der Resilienz des Kindes. Zu innerfamiliären Faktoren gehören ein niedriges Konfliktniveau zwischen den Familienmitgliedern, ein dadurch entstehender familiärer Zusammenhalt und Stabilität und angemessene soziale und materielle Lebensbedingungen. Zusätzlich sollte eine psychische Stabilität der Bindungsperson und eine feste dauerhafte Bindung zur Bezugsperson gegeben sein. Als außerfamiliäre Schutzfaktoren für das Kind stellen sich unter anderem Personen dar, die unterstützend auf das Kind einwirken können. Dies können Lehrkräfte, Tagesmütter und positive Freundschaftsbeziehungen sein. Zusätzliche Interessensförderung durch Freizeitaktivitäten, und Angebote für konstruktive Konflikt- und Problemlösungen stärken die Resilienz des Kindes zusätzlich (vgl. Jaede 2007, S. 45f).

Diese Schutzfaktoren können im schulischen Umfeld als Ressource für traumatisierte Kinder in Folge häuslicher Gewalt erkannt und genutzt werden. Kinder können bei der Stärkung und Nutzung ihrer Ressourcen unterstützt werden, indem soziale und kognitive Kompetenzen, wie die Fähigkeiten, Neues zu lernen, zuzuhören, Probleme zu analysieren, etwas zu planen, sich auszudrücken, aufgegriffen und gestärkt werden. Aber auch ein gutes Selbstwertgefühl zu fördern und somit die Selbstwirksamkeit des Kindes erhöhen und dem Kind dabei helfen die Fähigkeit zu nutzen sich von Problemen zu distanzieren und sich von ihnen nicht überwältigen zu lassen. Dazu brauchen betroffene Kinder zu mindestens einer Bezugsperson innerhalb oder außerhalb der Familie eine stabile positiv-emotionale Beziehung, ebenso ein emotional warmes Erziehungsverhalten dieser Bezugsperson, welche sich sowohl an klaren Normen orientiert und Grenzen vorgibt als auch Freiräume bietet. Zum anderen brauchen sie überzeugende Vorbilder, die aufzeigen, wie Probleme konstruktiv bewältigt werden können (vgl. Häusliche Gewalt- Was tun in der Schule 2016, S. 14).

Dies kann mit Hilfe resilienzfördernder Maßnahmen angewandt werden. Dabei wird versucht unter anderem auch mit traumatisierten Kindern eine Strategie zu erarbeiten, bei der sie mit Krisensituationen besser umgehen können. Bei diesem Resilienztraining werden den Kindern drei Schwerpunkte vermittelt.

1. Such dir einen Freund und sei auch anderen ein Freund.

2. Fühle dich für dein Verhalten verantwortlich.

3. Glaube an dich selbst (Nuber 2005, S. 23).

Demnach kann Kindern durch spezifische Handlungs- und Orientierungskonzepte zur Krisenbewältigung und zur Entwicklung eigener Bewältigungsstrategien geholfen werden.

Wenn traumatisierte Kinder in Folge häuslicher Gewalt nun in Schulen und im Unterricht eine Stärkung ihrer Schutzfaktoren und positive Bindungssicherheiten erfahren, können diese zum einen zu dem Aufbau neuer und stabiler Beziehungen zu Klassenkameraden und Lehrkräften führen und zum anderen dazu führen, dass die Lernumgebung mit Vertrauen, Enthusiasmus und Neugier erkundet werden kann. Dies kann zu einer positiven und effektiven Aneignung von Bildungsangeboten führen (vgl. Günther 2012, S. 55). „Wenn man Bildung will, muss man sich auf Bildung einlassen. Wenn nicht zu Hause, dann in der Schule" (Grossmann & Grossmann 2006, S.13).

Es lässt sich erkennen, dass Reslilienzen auch bei traumatisierten Kindern in Folge häuslicher Gewalt entweder vorhanden sein, oder aber erlernt oder gefördert werden können. Dazu müssen ein oder mehrere Bindungspersonen für das Kind da sein, um positive Bindungserlebnisse und kindliche Schutzfaktoren aufzubauen. Denn dadurch kann die weitere Persönlichkeitsentwicklung positiv bestärkt und gefördert werden. Dies muss grundsätzlich unter der Berücksichtigung von Wechselbeziehungen zwischen Risiko- und Schutzfaktoren erfolgen, damit es nicht zu einer weiteren Vulnerabilität kommt. Dies kann auch in Schulen umgesetzt werden, so dass ein Vertrauen aus dem Kind heraus gegenüber dem schulischen Umfeld entstehen kann.

3.3 Auswirkungen häuslicher Gewalterfahrungen und Traumata auf die Schule

Kinder, die traumatische Lebenserfahrungen sammeln mussten und dadurch in ihrer Entwicklung beeinträchtigt sind, können auch in der Schule Probleme erfahren. Auch gerade dann, wenn ihre Resilienz noch nicht ausgereift ist und sie ihren Platz im Schulleben noch nicht gefunden haben. Unterschiedliche, ganz individuelle Verhaltensweisen können hierbei auftreten, die auch für Lehrkräfte eine Herausforderung darstellen.

Es wurden in den vorherigen Kapiteln schon einige Auswirkungen von Traumatisierungen beschrieben und darüber hinaus kann es auch im Unterricht zu Symptomen wie Beleidigungen, Unruhe, Aufgeregtsein, obszöne Sprüche, Gewalt oder Tagträumereien, Vergesslichkeit, Unaufmerksamkeit und Angestrengtsein kommen. Lehrkräfte sollten sich dieser Symptome bei traumatisierten Kindern bewusst sein und sie nicht als eigenwillig deuten. Denn diese Kinder benutzen ganz eigene Strategien um sich in ihrem Alltag zurechtzufinden (vgl. Lang 2015, S. 13).

Mittlerweile ist es neurologisch erwiesen, dass Kinder mit traumatischen Erfahrungen unter anderem durch häusliche Gewalt zu Konzentrationsstörungen, Wahrnehmungsstörungen und extremer Unruhe neigen. Dies kann dazu führen, dass das Lernen und Verhalten des Kindes im schulischen Umfeld und im Unterricht negativ beeinflusst wird. Diese Kinder haben im Unterricht große Schwierigkeiten zwischen wichtigen und unwichtigen Informationen zu unterscheiden (vgl. Ding 2013, S. 56f). Sich dabei auf alltägliche Situationen und Erfahrungen einlassen zu können, fällt ihnen sehr schwer. Oft ziehen sie sich dabei aus den Lernprozessen zurück und bauen sogar Blockaden auf, weil sie in dem System Schule nicht zurechtkommen (vgl. Ding 2013, S. 58). „Oft haben unpassende Handlungen traumatisierter Schüler also ihren "Sinn", da sie der Bewältigung ihres Traumas dienen" (Lang 2015, S. 13). Zusätzlich neigen traumatisierte Kinder in Folge häuslicher Gewalt schnell zu Aggressionen und Selbstverletzungen, da sie in ihrem Umfeld lernen mussten, auf Bedrohliches zu achten und darauf entsprechend zu reagieren. Dabei ist ihr Verhalten oft übertrieben in ihrer Sprache gegenüber Klassenkameraden und Lehrkräften (vgl. ebd.). Erst recht bei Kindern die akut von häuslicher Gewalt betroffen sind geht dies meistens mit besonders hohen Erregungszuständen einher, bei denen das Lernen kaum möglich erscheint. Die Phase der Erregung zeigt sich nicht nur in Beschimpfungen, sondern auch unter anderem in hektischen Bewegungen, zerstören von Gegenständen, Mitarbeitsverweigerung und einer angespannten Muskulatur (vgl. Lohmann 2016, S. 55f). Eine weitere Reaktion betroffener Kinder kann die Dissoziation sein, welche sich im Unterricht mit Tagträumereien und geistiger Abwesenheit erkennen lässt (vgl. Lang 2015, S. 13). Dissoziation beschreibt des Weiteren, eine innere Abspaltung, bei der sich das Kind in bedrohlichen Situationen von Gefühlsüberflutung und Schmerz abspaltet, was es als unerträglich intensiv und schrecklich erlebt. Dies kann plötzlich auftreten und ebenso schnell wieder verschwinden. Dieses Verhalten tritt als ein Ausdruck extremer emotionaler Konflikte oder als Hinweis einer seelischen Überforderung auf (vgl. Lohmann 2016, S. 65f.). Dabei distanzieren sie sich von ihrer Umwelt, um sich selbst zu schützen, was aber auch zur Folge haben kann, dass keine Energie für den Lernprozess bleibt (vgl. Lang 2015, S.13f).

> „Sie können sich auch deshalb nur schwer auf alltägliche Erfahrungen einlassen und die Schutzmechanismen, die ihnen wiederholte Verletzungen ersparen sollen, blockieren verschiedene Gehirnareale, was das Lernen schwer beeinträchtigt" (ebd.).

Als eine weitere Auswirkung traumatischer Erlebnisse in der Schule können betroffene Kinder in eine Phase langanhaltender Erstarrung gelangen, bei der sie auch auf Ansprachen nicht reagieren. Dabei zieht sich das Kind in sich zurück und zeigt ein abgestumpftes Verhalten, bei dem es in seiner Hilflosigkeit feststeckt (vgl. Lohmann 2016, S. 67). Traumatisierte Kinder leiden unter einem gestörten Verhältnis zu ihrem Körper, denn Botschaften ihres Körpers können sie nicht mehr richtig deuten. Erstarrungen sind dann die Folgen, die durch erlebte Stressfaktoren hervorgerufen werden. Körperteile werden somit ausgeblendet und Körperreaktionen eingefroren (vgl. Ding 2013, S. 59). Da auch ihr Selbstwertgefühl eher negativ ausgelegt ist, kommt es außerdem häufig zu Situationen in denen sie bei kleinsten Fehlern deprimiert und entmutigt reagieren, was sich nachteilig auf den Lernerfolg auswirkt. Traumatisierte Kinder können zudem auch an sensomotorischen Wahrnehmungsstörungen im Bereich der Sprache, des Hörens und des Sehens leiden. In Bezug auf den Schulunterricht haben diese Beeinträchtigungen für die Wissensaufnahme erhebliche Nachteile. Zusätzlich speichern sie Geschehnisse eher fragmentiert ab, so dass sie Schwierigkeiten haben aufgenommene Inhalte in Worte zu fassen (vgl. Lang 2015, S. 14). Somit können traumatisierte Kinder komplexe Lernschwierigkeiten und -störungen entwickeln, die ihre Informationsaufnahme und -verarbeitung stark beeinträchtigen. Durch die die Veränderung des Gehirns, in Folge der erlebten traumatischen Ereignisse, werden häufig gerade die abstrakten Informationen von traumatisierten Kindern nicht verstanden (vgl. Ding 2013, S. 57f). Eine große Herausforderung für traumatisierte Kinder ist der Faktor Stress. Auch in der Schule sind unterschiedliche Stressfaktoren zu finden, die sie in ihrem Lernen massiv einschränken. Dies kann durch Reizüberflutungen ausgelöst werden. Bei traumatisierten Kindern im Unterricht reichen dabei schon eine normale Geräuschkulisse im Klassenraum, eine Veränderung des Tagesablaufs oder neue Lerninhalte aus, um Stresssymptome auszulösen, bei denen es zu einer extremen seelischen oder / und körperlichen Überforderung kommen kann. Im kindlichen Gehirn laufen dann zum Teil die selben Prozesse ab, die schon während der Traumatisierung stattgefunden haben. Die Informationsverarbeitung wird gestört und die Verbindung zwischen Sprache, bewussten Denken und Gefühlen wird unterbrochen. Dieser Vorgang wird im Unterricht auch häufig als Aufmerksamkeitsstörung wahrgenommen (vgl. Ellinger 2017, S. 20).

> „Das bedeutet im Schulalltag, dass diese Kinder den Anweisungen der Lehrkraft nicht folgen, weil sie nicht fassen können, was von ihnen verlangt wird. Sie entwickeln Lese und/oder Rechtschreibstörungen bzw. Dyskalkulie oderhaben Schwierigkeiten den Inhalt von Lesetexten bzw. von mathematischen Textaufgaben zu erfassen. Das Kind reagiert nicht auf Ansprache, schweigt oder antwortet ausweichend" (ebd., S. 20f).

Wie in Kapitel 3.1 beschrieben fallen Kinder, die traumatische Erfahrungen in Form von häuslicher Gewalt erfahren mussten oder noch akut davon betroffen sind und die sehr schlechte Beziehungserfahrungen erlebt haben, in das desorganisierte Arbeitsmodell. Das bedeutet, dass sie keine Sicherheit von ihren Bindungspersonen, in diesem Fall Eltern oder nahe Angehörige, erfahren haben.

Diese Kinder zeigen in der Schule unter anderem massive Verhaltensauffälligkeiten, wobei sie im Umgang mit Stress keinerlei konstante Strategien entwickeln können. Desorganisiertes Verhalten zeigt sich in der Unfähigkeit Gedanken und Gefühle zu integrieren, was tiefgreifende Folgen für das schulische Lernen mit sich bringt. Dies zeigt sich vor allem im Verhalten gegenüber Lehrkräften. Denn diesen Personen wird sehr häufig Misstrauen entgegengebracht. Wenn das Kind von seinen Eltern psychisch misshandelt wurde, erwartet es dies auch von seinem Lehrer. Um diese Reaktion zu provozieren, beantwortet das Kind die schulischen Regeln und die Autorität des Lehrers durch Beleidigungen, Beschimpfungen und tätliche Angriffe. Das Kind testet dabei den Lehrer, um herauszufinden, ob er es wirklich nicht misshandelt. Zusätzlich zeigt sich im desorganisierten Verhalten auch die „Vermeidung von Situationen, in denen Beleidigungen oder Erniedrigungen durch Andere erwartet werden, die an eigene extreme Verletzbarkeit erinnern" (Jungmann & Reichenbach 2009, S. 138), sowie das Vermeiden von Situationen in denen das Gefühl von Hilflosigkeit hervorgerufen wird. Auch Hyperaktivität und plötzliche aggressive Ausbrüche sind Folgen desorganisierten Verhaltens (vgl. Jungmann & Reichenbach 2009, S.137ff).

Das kindliche Bindungsverhalten ist somit nicht nur im Säuglings- und Kleinkindalter von bedeutender Wichtigkeit, sondern auch im Schulalltag. Das Kind ist bereits in der Lage soziale Beziehungen zu Erwachsenen und Gleichaltrigen aufzubauen, dennoch kann es bei einem Mangel an diesen Beziehungen weiterhin zu einem negativen Selbstwertgefühl und einem schlechten Wohlbefinden des Kindes führen. Auch wenn das Schulkind sich in seinem familiären und schulischen Umfeld selbstständig zurechtfindet, benötigt es dennoch weiterhin begleitend die Fürsorge seiner Eltern. Eingeführte Rituale, wie gemeinsames Essen, geben dem Kind nach wie vor ein Gefühl von Geborgenheit und Sicherheit. In gewalttätigen Familien ist eher davon auszugehen, dass diese Rituale häufig nicht ausreichend durchgeführt werden oder sogar ganz fehlen, daher brauchen betroffene Kinder zumindest in der Schule Zuwendung und Schutz einer Bezugsperson. Dabei hegt das Kind eine innere Bereitschaft sich auf die Person, in diesem Fall eine Lehrkraft, einzustellen und von ihr zu lernen. In diesem Zusammenhang kann sich die Lehrkraft der Bindungsbereitschaft des Kindes nicht entziehen und lässt sich somit auf eine vertrauensvolle Beziehung zu dem Kind ein. Wenn die Lehrkraft allerdings mit Ablehnung und Desinteresse dem Kind gegenüber begegnet, dann reagiert das Kind mit Enttäuschung, was sich in nachfolgenden Begegnungen mit der Lehrkraft als nachteilig auswirken kann. Aber nicht nur die Lehrkraft kann das Gefühl von Geborgenheit und Sicherheit vermitteln, sondern auch Schulkinder untereinander, woraus dann tragfähige Freundschaften entstehen können (vgl. Jungmann & Reichenbach 2009, S. 25f).

Die traumatischen Ereignisse, die betroffene Kinder in Folge häuslicher Gewalt in ihrem Leben erfahren mussten, bringen somit unterschiedliche Verhaltensmuster im schulischen Umfeld mit sich. Zum einen fällt es den betroffenen Kindern sehr schwer sich zu konzentrieren, sind durchweg angespannt vor Angst und können somit dem Unterricht nicht richtig folgen. Zum anderen haben sie zwar eigene Strategien entwickelt, um den schulischen Alltag zu meistern, aber diese beinhalten eher Misstrauen gegenüber den Lehrkräften und einem aggressiven Verhalten bis hin zu Dissoziation und Erstarrung. Um diesen Kindern Schule nicht weiter als Stressfaktor anzubieten und sie entspannter und zufriedener im Unterricht werden zu lassen, kann sich die Lehrkraft als eine vertrauenswürdige Person anbieten, die das Kind auffängt.

Darüber hinaus gibt es für die Zusammenarbeit mit traumatisierten Kindern in Folge häuslicher Gewalt weitere Handlungsmöglichkeiten für Lehrkräfte.

4 Handlungsmöglichkeiten für Lehrkräfte

Schule als ein bedeutender Einflussfaktor für die kindliche Entwicklung wird häufig unterschätzt. Denn auch das Verhältnis zwischen Kindern und Lehrkräften wirkt sich auf die kindliche Entwicklung aus (vgl. Ding 2013, S. 60).

> „Fantasie und Entwicklungsmöglichkeiten, die Fähigkeit, neue Erfahrungen zuzulassen, Neugierde und Interesse am Leben und Lernen zu entwickeln, sind abhängig von positiven Lernerfahrungen" (ebd.).

Lehrkräfte können, durch Förderung von Fähigkeiten der positiven Selbsteinschätzung und Selbstwahrnehmung der Kinder und die Fähigkeit zur Selbstreflexion, den Lernprozess positiv beeinflussen. Durch den emotionalen und unerträglichen Stress, dem die Kinder die meiste Zeit ausgesetzt sind, sind sie oft nicht fähig, sich auf den Schulunterricht im klassischen Sinne einzulassen. Dazu benötigen sie einen Rahmen der als primäre pädagogische Ziele Stabilisierung, Vertrauensaufbau und Kontinuität anstrebt (vgl. ebd.). Der Schulunterricht mit und für traumatisierte Kinder mit häuslichen Gewalterfahrungen stellt somit für Lehrkräfte eine komplexe Herausforderung dar. Ziel ist es nach Möglichkeit eine Beschulung zu ermöglichen, die für beide Seiten, Schulkind und Lehrkraft, einen entsprechenden und förderlichen Erfolg mit sich bringt. Dabei muss vor allem die Lehrkraft über gewisse Kompetenzen verfügen, aber auch zusätzlich ein entsprechender Handlungsrahmen geschaffen werden, der eine solche Zusammenarbeit ermöglicht.

4.1 Lehrerkompetenz

Lehrerkompetenzen können verdeutlicht werden, indem auf die sechs Punkte der strukturtheoretischen Bestimmungsansätze nach Terhart (2011, S. 206) eingegangen wird. Unter diesen Ansätzen werden die grundlegenden beruflichen Aufgaben und Anforderungen der Lehrkräfte in Beziehung zu ihren Schulkindern verstanden.

Punkt eins zeigt dabei das Nähe Distanz Verhältnis auf, wobei von der Lehrkraft ein rollenspezifisches Handeln erwartet wird (vgl. ebd.). Dabei soll durch die Lehrkraft nicht nur Wissen vermittelt, sondern auch die Möglichkeit genutzt werden, soziale Beziehungen zu den Schülern aufzubauen, in denen sich die Schulkinder sicher und geborgen fühlen können. Die Aufgaben der Lehrkraft sind aber auch dadurch bestimmt, sich jederzeit zu distanzieren, um problematische Situationen zu rekonstruieren und um nicht in emotionale Verstrickungen zu geraten (vgl. Helsper 1996, S. 530ff). Punkt zwei zeigt Subsumption und Rekonstruktion auf, bei denen jedes Schulkind, jede Situation individuell zu bewerten und zu verstehen ist. Die Lehrkraft sollte sich dabei auch nach den Vorgaben der Schule, unter anderem dem Curriculum, richten. Als Punkt drei werden die individuellen Lernbesonderheiten der Schulkinder genannt, die es zu berücksichtigen gilt unter Einbezug der curricularen und inhaltlichen Ansprüche. Der vierte Punkt beschreibt die Einheitlichkeit und die Differenz, die einerseits für eine formale Gleichbehandlung aller Schulkinder gilt und zum anderen eine Berücksichtigung aller individuellen Bedürfnisse der Schulkinder berücksichtigt. Punkt fünf besagt, dass die schulische Organisation mit den Interaktionen zwischen Lehrkraft und Schulkind im Einklang stehen sollte und der letzte Punkt beschreibt die Aufgabe der Lehrkräfte Schulkinder zum selbstständigen arbeiten anzuleiten und zu fördern (vgl. Terhart 2011, S. 206). Diese sechs Punkte dienen Lehrkräften als Orientierung einer guten Grundbasis für die Arbeit mit traumatisierten Kindern in Folge häuslicher Gewalt. Allerdings kann es dabei auch zu Schwierigkeiten bei der Vereinbarung von schulischen Vorgaben und der Berücksichtigung von kindlichen individuellen Bedürfnissen traumatisierter Kinder kommen. Denn ohne Berücksichtigung ganz unterschiedlicher Individuen und ihrer individuellen und persönlichen traumatischen Erlebnisse und die dazu passende Unterstützung der Schulstruktur, kann es schwer werden, die ersten Schritte zur Beschulung dieser Kinder in Angriff zu nehmen.

Opp und Wenzel (2009, S. 91) unterscheiden weitere Kompetenzen, die sich auf die Kompetenzen der Lehrkraft beziehen. Zum einen werden Methodenkompetenzen genannt, bei dem die Lehrkraft den Unterricht interessant und verständlich für alle Schulkinder gestalten sollte. Darauf bezogen ist auch die Förder- und Integrationskompetenz von Bedeutung, bei der unterschiedliche Schwierigkeitsgrade der Aufgabenstellung unter Berücksichtigung ihrer speziellen Bedürfnisse, für Schulkinder und ausreichende Hilfestellung angeboten werden sollen. Um auf traumatisierte Kinder besser im Unterricht eingehen zu können werden weitere Aspekte berücksichtigt, die sich auf die Fürsorge der Lehrkraft gegenüber ihrer Schulkinder beziehen. Dabei ist es wichtig dem traumatisierten Kind gegenüber, mit Einfühlungsvermögen und Rücksichtnahme zu begegnen (vgl. ebd.) und die Fähigkeit zu besitzen sich emotional an Interaktionsprozessen zu beteiligen, diese zu reflektieren und für die weitere Arbeit mit dem Kind umzusetzen und zu nutzen (vgl. Zimmermann 2017, S. 97). Gerade bei Kindern die sich aktuell in einer traumatischen Situation wie das tägliche Erleben von häuslicher Gewalt befinden, ist es besonders wichtig, dass die Lehrkraft durch „... besonnenes, auf Hintergrundwissen beruhendes Handeln" (Lohmann 2016, S. 50) auf das Kind einwirken und im besten Falle aus der belastenden Lebenssituation befreien kann (vgl. ebd.). Die Lehrkraft sollte dabei erkennen, ob es dem Schulkind im Unterricht gut oder schlecht geht und sich dementsprechend Zeit nehmen, um bei bestehenden Problemen Hilfe anzubieten. Als wichtigster Punkt wird auf die persönliche Lehrer-Schüler-Beziehung eingegangen, in der es darum geht, dass die Lehrkraft ihre Kompetenzen über das Kind nicht nur für innerschulische Ereignisse nutzt, sondern diese auch auf das private Umfeld des Kindes erweitert. Dabei werden Themen wie Freunde, Freizeitaktivitäten und Familie angesprochen, so dass eine weitgreifende Lehrer-Schüler-Beziehung entstehen kann, worauf sich Vertrauen und Unterstützungsmöglichkeiten aufbauen lassen (vgl. Opp & Wenzel 2009, S. 91).

Dabei hilft es dem betroffenen Kind besonders, wenn die Lehrkraft ihm gegenüber Transparenz, Entlastung bei Stress, Berücksichtigung der Traumasymptome und eine verlässliche Beziehung anbieten kann. Dabei entsteht für das Kind eine Sicherheit, bei der es die Kontrolle darüber erhalten kann, was in ihm und mit ihm passiert (vgl. Lohmann 2016, S. 48). So kann eine schützende Wirkung innerhalb der Schule und des Unterrichtes für traumatisierte Kinder geschaffen werden, die sich positiv auf die kindliche Entwicklung auswirken kann. Eine zusätzliche Sicherstellung von wiederkehrenden Erfolgserlebnissen dient dabei als Grundlage für ein gutes Wohlbefinden, welche zu einer Kontinuität sozialer Beziehungen führt. Dies stellt einen positiven Ort dar (vgl. Werner 1990, S. 109), der dazu dienen sollte, vor neuen gefährlichen Situationen zu schützen die Ängste hervorrufen und den Kindern als Ankomm- und Entspannungsort zu dienen (vgl. Lohmann 2016, S 48). Als Gegensatz zu der eigenen belastenden kindlichen Lebenswelt (vgl. Werner 1990, S. 109).

Durch die vertrauensvolle Unterstützung der Lehrkraft erfahren Schulkinder positive Lernerfahrungen, gewinnen an Selbstvertrauen in ihre Fähigkeiten und werden somit selbstständiger und unabhängiger in der Aufgabenbewältigung und im schulischen Alltag (vgl. Jungmann & Reichenbach 2009, S. 125).

Über Lehrerkompetenzen in der Arbeit mit traumatisierten Kindern in Folge häuslicher Gewalt zu verfügen, bedeutet aber gleichzeitig auch, sich selber als Individuum und als Lehrkraft wahrzunehmen. Da sich die Arbeit mit betroffenen Kindern nicht immer als einfach herausstellt und auch zu Belastungen auf Seiten der Lehrkräfte führen kann bedeutet dies sich selber davor schützen zu können.

Ein wichtiger Schutzfaktor ist die Selbstwahrnehmung, mit der eigene Gefühle und Bedürfnisse wahrgenommen werden und dadurch Stress und Überforderung rechtzeitig erkannt werden kann. Das Kennen von eigenen Stärken und Schwächen, ausreichender Schlaf, sowie zur Ruhe kommen und jemanden um Hilfe bitten zu können sind alles Faktoren die sich positiv auf die Schutzfaktoren von Lehrkräften auswirken können, wenn diese häufig mit stressigen und schwierigen Situationen im Schulalltag konfrontiert werden (vgl. Ellinger 2017, S. 45f).

> „Neben aller Empathie für den traumatisierten Schüler[oder die traumatisierte Schülerin (Anm. d. Verf.)] sollte die Lehrkraft den Erhalt der eigenen seelischen und körperlichen Gesundheit nicht aus den Augen verlieren (...)" (Lohmann 2016,S. 107).

Darüber hinaus wird es im schulischen Alltag immer wieder Situationen geben, in denen sich Lehrkräfte zwingen müssen ruhig zu bleiben und nicht mit der hohen Erregung der betroffenen Kinder mitzugehen (vgl. ebd., S. 108). Denn es kann immer wieder dazu kommen, dass Betroffene unbewusst verdrängte und negative Gefühle auf aktuelle Beziehungen übertragen, welche zu Spannungen im Alltag führen können. Bei dieser Übertragung von Gefühlen, bei der die Lehrkraft emotional auf das Handeln des traumatisierten Kindes reagiert muss sie darauf achten, dass sie sich eben nicht wie das betroffene Kind fühlt. Dies kann zu einer massiven Mitgefühlserschöpfung der Lehrkraft führen. Lehrerkompetenzen zu besitzen bedeutet hierbei auch, sich als Lehrkraft nicht in der Situation mit einem traumatisierten Kind in Folge häuslicher Gewalt hilflos, machtlos und ohnmächtig zu fühlen. Vielmehr sollte sie sich mit ihren eigenen Grenzen und Möglichkeiten und ihrer Motivation für die Arbeit auseinandersetzen (vgl. ebd., S. 106f). Das heißt auch, dass die Lehrkraft nicht nur auf ihre Gesundheit achten, sondern auch mit sich selbst geduldig sein und sich realistische Erwartungen setzen soll (vgl. ebd., S. 108).

Um traumatisierte Kinder mit häuslichen Gewalterfahrungen im schulischen Alltag kompetent unterstützen zu können, benötigen Lehrkräfte zum einen zu dem betroffenen Kind ein gutes Gespür für das Nähe Distanz Verhältnis. Dabei wird das Kind als Individuum mit seinen eigenen persönlichen Problemen verstanden und gewertschätzt. Zum anderen achtet die Lehrkraft darauf sich dabei nicht von negativen Erlebnissen und Gefühlen überrollen zu lassen, sondern vielmehr die Situationen genau zu reflektieren und sich dabei selber über ihre eigenen Ressourcen und Bedürfnisse bewusst zu werden. Denn so kann sie nicht nur einen sichere Bindung zu dem betroffenen Kind aufbauen, sondern darüber hinaus auch einen Handlungsrahmen für sich und das Kind schaffen.

4.2 Handlungsrahmen für die Beziehungsarbeit mit traumatisierten Kindern in Folge häuslicher Gewalt

Um genauer die Umsetzung dieser Aspekte im schulischen Alltag zu verdeutlichen, beschreibt Lang (2015, S. 18), wie Lehrer mit traumatisierten Kinder in den ersten Schritten die Beschulung beginnen können. Dazu nennt sie drei Faktoren, Entängstigung, Selbstbemächtigung und zum Schluss die Beschulung. Entängstigung traumatisierter Kinder kann nur gelingen, wenn ein sicherer Ort und eine stabile Bindung zu einer Bezugsperson im schulischen Alltag gegeben sind. Kinder die in häuslicher Gewalt aufgewachsen sind, haben lernen müssen, dass gerade erwachsene Personen ihnen den Schutz den sie brauchen, nicht geben konnten und ihr familiäres Umfeld keine Sicherheit bot. Dadurch sind Angst gegenüber anderen Menschen, vor allem Erwachsenen, Verunsicherung und Misstrauen entstanden. Sie nehmen ihr Umfeld nicht als sicheren und verlässlichen Ort wahr und sind somit unentwegt in Alarmbereitschaft, um nicht wieder verletzt zu werden. Das bedeutet, dass betroffene Kinder in neuen Situationen und in einem neuen Umfeld oft unter Dauerstress stehen und somit ihr Gehirn nicht mehr ausreichend in der Lage ist zu lernen (vgl. ebd., S.19). Das kindliche Verständnis von einer sicheren Welt, einem sicheren Ort, existiert bei traumatisierten Kinder weitestgehend nicht mehr. Hinzu kommt, dass dadurch auch ihre Wahrnehmung eines inneren Sicherheitsgefühls zerstört wurde. Um wieder zu einem sicheren inneren Ort zu finden, muss zunächst ein sicherer äußerer Ort für das traumatisierte Kind geschaffen werden. Dies kann durch einschätzbare, verlässliche und zu bewältigende Lebensräume und Alltagsbedingungen ermöglicht werden (vgl. Kühn 2013, S. 33). Dieser sichere äußere Raum kann in der Schule in Form von Klassenräumen sowie Lehrkräften angeboten und umgesetzt werden. Deshalb soll die Begegnung zwischen Lehrkraft und Schulkind „... ein Ort von Räumen und Beziehungen werden, die entängstigen" (vgl. Lang, S. 19.). Damit Kinder auch in der Schule explorieren können, brauchen sie nicht nur einen sicheren Rahmen, sondern auch eine sichere und emotionale Bindung zu einer Bezugsperson, der sie vertrauen und bei der sie sich sicher fühlen können. Damit bekommt das Kind die Möglichkeit zu lernen, dass es auch Menschen gibt, die nicht verletzend wirken, sondern vielmehr helfend und entlastend für sie zur Verfügung stehen (vgl. ebd., S. 20). „Der Lehrer muss also Raum dafür schaffen, dass der traumatisierte Schüler [oder die traumatisierte Schülerin (Anm. d. Verf.)] Beziehungen zu anderen aufbauen kann und muss ihm auch selbst die Hand anbieten ..." (ebd., S. 21). Dabei sollte die Lehrkraft allerdings darauf achten, dass das betroffene Kind sich dabei nicht bedrängt oder zu einer Beziehung gezwungen fühlt und nicht überfordert wird (vgl. ebd.), denn eine übertriebene körperliche Nähe kann bei dem Kind zu einer starken Ablehnung führen, die aus einer plötzlich auftretenden Angst resultiert, bei der es sich zusätzlich absolut schutzlos fühlt (vgl. Lohmann 2016, S. 52). Das würde zum einen die Verängstigung noch verstärken und zum anderen einen neuen Bindungsaufbau massiv erschweren (vgl. Lang, S. 21).

Daher ist die Beziehungsarbeit zwischen traumatisierten Kind und Lehrkraft ein bedeutender Teil im Rahmen der Beschulung. Daraus ergeben sich weitere Aspekte, die für die Beschulung traumatisierter Kinder zusätzlich zu beachten sind. Dabei spielt nicht nur der sichere Ort eine entscheidende Rolle, sondern auch die emotionalen Dialoge zwischen Lehrkraft und Schulkind. Denn nur so kann das traumatisierte Kind neue Fähigkeiten wie neues Vertrauen zu seiner Umgebung und seinen Mitmenschen aufbauen. Auch das verbale Ausdrücken von Gefühlen wird dabei unterstützt und gefördert (vgl. Kühn 2013, S. 33).

> „... also eine neue gemeinsame Sprache und damit eine veränderte zwischenmenschliche Kommunikation zu entwickeln, um dem Kind einen ressourcenorientierten Zugang zu sich selbst und seinen Mitmenschen zu ermöglichen" (ebd., S. 34).

Wichtig dabei ist auch ein geschützter Handlungsraum, indem nicht nur den traumatisierten Kindern Schutz geboten wird, sondern auch den Lehrkräften. Diese handeln mit dem was ihre Persönlichkeit ihnen gibt, entweder mit Erfolg oder auch mit Misserfolgen. Der geschützte Handlungsrahmen ist dafür gedacht, dass auch Lehrkräfte ihre eigenen Grenzen nicht übertreten und sich dabei selbst überfordern oder körperlich, emotional oder verbal verletzen. Es sollen diesbezüglich Überlastung und Überforderungen vermieden werden, denn um einem traumatisierten Kind einen geschützten Ort anzubieten braucht es zunächst einen geschützten Handlungsraum für Lehrkräfte (vgl. ebd.).

Somit kann traumatisierten Kindern in Folge häuslicher Gewalt ein sicherer Ort angeboten werden, in dem sie neue und positive Erfahrungen in ihrem Schulalltag sammeln und kennenlernen können. Dabei müssen ihnen zusätzlich das Gefühl der Wertschätzung, des Respekts und der Zugehörigkeit vermittelt werden (vgl. Lang 2013, S. 21), was nur in einer vertrauensvollen und auf Gegenseitigkeit beruhenden Beziehung stattfinden kann, denn wenn Kinder ihre Lehrer als sympathisch und authentisch wahrnehmen, fällt ihnen das Lernen leichter (vgl. Lohmann, S. 51).

In Bezug auf die anderen Schulkinder kann in Gesprächen vermittelt werden, dass auch unangebrachtes Verhalten normale Reaktionen auf erlebte traumatisierende Ereignisse in Folge häuslicher Gewalterfahrungen sind. So können die anderen Schulkinder in der Klasse mehr Verständnis und Akzeptanz dem betroffenen Kind entgegenbringen. Fühlt sich das Kind verstanden, angenommen und sicher, wirkt sich dies auf die Fähigkeit aus, Interesse und Neugierde am Lernen zu entwickeln und Erfahrungen zuzulassen (vgl. Lang 2013, S. 21). Schule kann als sicherer Ort verstanden werden, da sie für traumatisierte Kinder einen sozialisatorischen Effekt darstellt, der über den Unterricht weit hinausgeht. Denn sie ist ein wichtiger außerfamiliärer Lernort der innerhalb seines Rahmens eine resilienzfördernde Auswirkung auf betroffene Kinder hat. Denn sie bietet ein soziales Handlungsfeld in dem Kinder nicht nur Freundschaften schließen, sondern auch Beziehungs- und Bindungsverhalten erlernen. Diese Beziehungsfähigkeit ermöglicht es ihnen auch im späteren Leben tragfähige Beziehungen aufzubauen und einzugehen (vgl. Opp & Wenzel 2009, S. 87). Als weitere Ebene einer Lehrer-Schüler- Beziehung muss die Lehrkraft ein gutes Vorbild für Verständnis, Respekt, Akzeptanz und emotionale Wärme darstellen, denn dies ermöglicht eine starke und zeitlich stabile Beziehung zu dem Schulkind. Als zusätzlicher Faktor kommt die Feinfühligkeit der Lehrkraft hinzu, und zwar nicht nur in Bezug auf das Schulkind, sondern auch bei der Auswahl der Aufgaben für die Schulkinder. Diese sollten zum einen herausfordernd gestaltet sein aber zum anderen auch lösbar, so dass Interesse und Ehrgeiz geweckt werden aber keine Angst und Spannungsgefühle entstehen. So können bei dem Schulkind bei der Aufgabenbewältigung auf der emotionalen Ebene durch die Bewältigung von Herausforderungen die Selbstwirksamkeit positiv beeinflusst und gefördert werden (vgl. Jungmann & Reichenbach 2009, S. 125). Ellinger (2017, S. 27) zeigt dazu sechs Prinzipien für die Bildung einer sicheren, verlässlichen und vertrauensvollen Bindung zwischen Lehrkraft und traumatisierten Kind auf. Das erste Prinzip beinhaltet, dass in Konfliktsituationen zwischen Lehrkraft und traumatisierten Kind sogenannte Machtkämpfe zu unterlassen sind. Unter dem Vorsatz „immer ermächtigen, niemals entmachten" (ebd., S. 27) soll das Kind zwar aufgrund nicht adäquaten Verhaltens zur Verantwortung gezogen werden, allerdings muss dabei berücksichtigt werden, dass sich sein fehlerhaftes Verhalten seiner Selbstkontrolle entzieht. Daher sollte es auch nach einem Konflikt immer gewaltfrei, respektvoll und wertschätzend behandelt werden. Dabei kann es zum Beispiel direkt gefragt werden, wie man ihm dabei helfen kann, gewisse Regeln einzuhalten. Ein weiterer Punkt zur Erreichung einer vertrauensvollen Bindung kann nur geschehen, wenn die Lehrkraft dem Kind mit bedingungsloser Akzeptanz begegnet. Wenn ein Kind Äußerungen tätigt wie: „Ich bin dumm, ich verstehe das niemals!", kann die Lehrkraft wertschätzend darauf eingehen indem sie antwortet: „Ich sehe, es fällt dir schwer, aber ich weiß, dass du fähig und intelligent bist." (vgl. ebd.). Als drittes Prinzip wird beschrieben, dass hohe Erwartungen und verlässliche Grenzen den betroffenen Kindern gegenüber zwar angebracht sind, aber diese durch die Lehrkraft altersgemäß, unmittelbar, auf die Situation bezogen und verhältnismäßig sein sollten. Als ein weiteres wichtiges Prinzip sollte die Lehrkraft das Kind genau beobachten und bei speziellen Verhalten das Kind dazu befragen. Wichtig dabei ist auch, dem betroffenen Kind dabei gut zuzuhören um somit falsche Vermutungen auszuschließen. Das fünfte Prinzip erachtet es als sehr wichtig, das Selbstwertgefühl eines traumatisierten Kindes durch pädagogisch angeleitete Aktivitäten, die zusätzlich eine Inklusion begünstigen zu stärken. Das heißt unter anderem für die Lehrkraft, Interaktionen sorgfältig zu planen, zu beobachten und zu besprechen. Gemeinschaftliche regelmäßige Aktivitäten, wie zum Beispiel Klassenausflüge oder soziale Gruppenspiele fördern die Beziehungen der Kinder untereinander aber auch die Bindung zwischen Lehrkraft und traumatisiertem Kind (vgl. ebd., S. 28). Als letzten Punkt nennt Ellinger (2017, S. 28) die Lehrkräfte in der Funktion des Beziehungscoachs, bei der sie mitfühlend den Aufbau von Beziehungen im Klassenraum mit Hilfe des Umgangstons und des Betragens positiv beeinflussen. Durch diese Umgangsweisen, die traumatisierte Kinder in Folge häuslicher Gewalt in ihrem zuhause vermutlich nicht erfahren, gelingt es den Kindern besser im Unterricht aufzupassen.

Wenn alle soeben genannten Faktoren verwendet werden um als Lehrkraft eine sichere Bindung zu dem traumatisierten Kind mit häuslicher Gewalterfahrung aufzubauen, werden sich im Laufe der Zeit positive Veränderungen bei dem betroffenen Kind zeigen. „Veränderungen, die darauf hinweisen, dass sich eine sichere Bindung zum Lehrer konstituiert, liegen vor, wenn das Explorationsverhaltenssystem des Kindes stärker aktiviert wird, indem das Kind z. B. verstärkt an Aktivitäten mit Gleichaltrigen teilnimmt" (Julius 2014, S. 13).

Beziehungsarbeit mit traumatisierten Kindern in Folge häuslicher Gewalt kann aber auch in Form von positiven Peergruppen erfolgen. Ist das Vertrauen zwischen betroffenem Kind und Erwachsenen noch nicht ausreichend aufgebaut, so können Kinder Kontakt mit ihresgleichen aufnehmen.

> „Gleichaltrige haben großen Einfluss aufeinander, gemeinsame Lebenswelten prägen die Entwicklung. Die Positive Peerkultur baut auf die Erfahrung von Zugehörigkeit, von Verständnis und Gemeinschaft unter Gleichaltrigen" (Opp 2006, S. 47).

Ausgangspunkt dieses Konzepts ist es, Kinder die langfristige oder dauerhafte traumatische Lebensbelastungen erleben, in ihren konkreten Beziehungsbedürfnissen gerecht zu werden. Die Peergruppe kann als eine zweite Familie agieren, in der die Kinder ihre emotionalen Kompetenzen nicht nur erweitern können, sondern auch ein familienunabhängiges Wir Gefühl entwickeln, sowie das Bedürfnis nach Intimität, sozialen Kontakten und Vertrauen der eigenen Privatsphäre erfahren (vgl. Opp 2006, S. 50f). Positive Peerkultur bedeutet auch, eine Brücke zwischen Gesellschaft, Familie und Schule unter Berücksichtigung der eigenen Bedürfnisse zu sein (vgl. ebd., S. 63). Dabei wird die kindliche Entwicklung anerkannt und der Wirkungsanspruch der Pädagogen bzw. Lehrkräfte ein Stück weit eingeschränkt (vgl. Opp & Brosch 2012, S. 40). Darüber hinaus tauschen die Kinder sich untereinander als Experten ihrer eigenen erlebten Geschichte aus und erfahren somit gegenseitige emotionale Unterstützung, die dazu beiträgt, die individuelle Entwicklung positiv zu beeinflussen und zu einer verantwortungsvollen Selbstständigkeit zu gelangen (vgl. ebd., S. 63). Das bedeutet, dass einer der Grundsätze von positiven Peergruppen darin besteht, ritualisierte Gesprächsrunden zu entwickeln, in denen traumatisierte Kinder mit ihren Anliegen, Themen, Sorgen und Probleme gemeinsames Verständnis und auch Lösungsansätze erarbeiten. Die Lehrkraft nimmt dabei anfangs eine moderierende und unterstützende Leitung ein, bei der sie den Fokus auf Gruppengespräche und nicht auf Konfrontationen, sondern auf Hilfe ausrichtet. Ein wichtiger weiterer Ansatz besteht darin, innerhalb der positiven Peergruppen das Vertrauen in die Fähigkeiten, Ressourcen und Stärken des Kindes zu setzen, damit es selbständig die Herausforderungen des Alltags bewältigen kann (vgl. Opp & Brosch 2012, S. 40f). Lehrkräfte können auch im Rahmen des Unterrichts einen positiven Peergruppen Gesprächskreis moderieren. Dabei ist darauf zu achten, dass während des Ablaufs die Einstellungen auf Loyalität, Positives, Lösungsorientierung, demokratische Aushandlungsprinzipien eingehalten bzw. angewandt werden. Allerdings macht es im Rahmen einer ganzen Klasse Sinn, weniger stark auf individuelle Fragen einzugehen, sondern vielmehr öffentliche und die Gemeinschaft betreffende Themen aufzugreifen (vgl. ebd., S. 42). Diese können Gewalterfahrungen, häusliche Gewalt, Möglichkeiten zum Schutz für Kinder, Kinderrechte und Unterstützungsangebote oder aber auch Bewältigungsstrategien zur Verarbeitung schwieriger Situationen beinhalten (vgl. Häusliche Gewalt – Was tun in der Schule? 2016, S. 12).

Das bedeutet für die Beschulung traumatisierter Kinder in Folge häuslicher Gewalt, dass Lehrkräfte die Möglichkeit haben für das betroffene Kind zunächst einen sicheren Rahmen zu schaffen, indem sie dem Kind einen sicheren Ort anbieten, damit daraus eine stabile Bindung zu einer Bezugsperson entstehen kann. Erkennen lässt sich hierbei wie wichtig die Beziehungsarbeit mit dem traumatisierten Kind ist. Denn bei einer stabilen Bezugsperson erfährt es den Schutz den es zu Hause nicht erhält. Auch emotionale Dialoge mit dem traumatisierten Kind und das Zeigen von Wertschätzung und Zugehörigkeit gehören zur Beziehungsarbeit der Lehrkraft. Zusätzlich kann dem betroffenen Kind ein sicherer Raum in Form von einem entängstigenden Klassenraum angeboten werden, in dem es sich, in nicht aushaltbaren Situationen, zurückziehen kann. Auch das Arbeiten mit positiven Peergruppen, in der das betroffene Kind mit Hilfe anderer Kinder mit ähnlichem Schicksal eigene Ressourcen und Fähigkeiten erkennen und entwickeln kann, können im Rahmen der Beziehungsarbeit angeboten werden.

4.3 Möglichkeiten eines traumasensiblen Rahmens

Aber was genau können Lehrkräfte unternehmen um traumatisierte Kinder in Folge häuslicher Gewalt längerfristig zu unterstützten? Es gibt dazu die Möglichkeit in der Schule und im Unterricht einen traumasensiblen Rahmen für das betroffene Kind zu schaffen.

Um einen traumasensiblen Rahmen und Unterricht zu gestalten erscheint es hilfreich, wenn die Lehrkraft eine Balance zwischen Gleichförmigkeit und vorsichtiger Veränderung in ihrem Unterrichtsalltag herstellen kann. Dabei sollten Unter- und Überforderung traumatisierter Kinder erkannt und bestenfalls vermieden werden. Dazu zählen auch die Beobachtungen von Kindern mit Erfahrungen bezüglich häuslicher Gewalt. Denn dabei lassen sich nicht nur Verhaltensweisen von betroffenen Kindern erkennen, sondern auch Reaktionen der Klassenkameraden. Des Weiteren sollten kommunikativen Signalen der Kinder viel Aufmerksamkeit zugeteilt werden. Klare Grenzen und Regeln müssen für alle Schulkinder eindeutig vermittelt werden und das eigene Verhalten sowie die Deutung der Verhaltensweisen betroffener Kinder sollten mit Sorgfalt behandelt werden (vgl. Lohmann 2016, S. 53f).

Strategien für einen traumasensiblen Unterricht können bereits in der Sprache angewandt werden. Traumatisierte Kinder in Folge häuslicher Gewalt sprechen dabei positiv auf eine klare Lehrersprache an (vgl. Lohmann 2016, S. 97), denn sie reagieren bei der Lehrkraft hochsensibel auf Intonation, Gestik, Mimik und Redewendungen (vgl. Ding 2013, S. 65). Dabei können sie auch bei kleinsten Anzeichen von Wut im Gesicht der Lehrkraft reagieren, was dann den Flucht- oder Kampfimpuls auslösen kann. Auch Emotionen sowie ganze Verhaltenssequenzen werden dabei, besonders bei betroffenen Kindern, vor dem Hintergrund ihrer eigenen belastenden Lebenserfahrung bewertet (vgl. Schmid 2016, S. 33). Für eine positive Sprache, verwendet die Lehrkraft einfache, kurze und direkte Sätze, zusätzlich vergewissert sie sich, ob das Kind das Gesagte verstanden hat. Ebenso spricht die Lehrkraft das Kind im Unterricht mit dem Namen an und hält Blickkontakt. Hinzu kommt, dass die Lehrkraft positives Verhalten verstärkt und bei negativen Verhalten Verhaltensalternativen anbietet (vgl. Lohmann 2016, S. 97). Des Weiteren sollte bei der Formulierung, besonders bei Regeln, darauf geachtet werden eine besonders einfache, konkrete, positive und bildhafte Sprache anzuwenden. Dabei sollten diese Regeln als Gebote vermittelt werden die ein erwartendes Verhalten formulieren. Verbote und Strafen lassen Kinder mit Gewalterfahrungen meist an sich abprallen (vgl. Ding 2013, S. 65). In Reflexionsrunden sollte die Lehrkraft vor allem auf die Sprache im Zusammenhang mit der Formulierung achten, denn diese sollte aus sehr viel Bestätigung bestehen, so dass das Kind das Gefühl verspüren kann mit seinen positiven Anteilen gesehen zu werden. Traumatisierte Kinder in Folge häuslicher Gewalt müssen erst lernen Lob und vor allem Kritik annehmen zu können. Daher sollte das positive Bestätigen und Loben, welches schon alleine durch ein Zunicken geschehen kann, authentisch und glaubwürdig vermittelt werden (vgl. ebd., S. 66). Zu einer weiteren Strategie zur Förderung des traumasensiblen Rahmens gehört die Reizminimierung. Denn Trauma und Reizüberflutung sowie Überreaktionen auf sensorische Reize sind eng miteinander verflochten. Kinder mit Gewalterfahrungen leben die meiste Zeit auf einem sehr hohen Erregungsniveau, da sie mit vielen Ängsten und Unsicherheiten zu kämpfen haben. Dieser dauerhaft anhaltende Zustand kostet das Kind enorme Kraft, welche dann fehlt um sich auf das schulische Umfeld oder Aufgaben zu konzentrieren. Befindet es sich dazu noch in einem Raum mit vielen äußerlich starken Reizen, wie Unruhe im Klassenraum, Lärm von der Straße, verschiedene Gerüche oder wechselndes Licht, kommt es schnell an seine Grenzen, da das Kind es nicht mehr schafft sein Innen- und Außenleben zu organisieren. Auch unbedachte Berührungen anderer Kinder oder Lehrkräfte können die Situation unerträglich machen. Um diese Reizüberflutungen zu minimieren können Lehrkräfte dafür sorgen, dass es möglichst wenig Lichtreize im Klassenraum gibt, die Arbeitsruhe so hoch wie möglich halten, dem betroffenen Kind einen Arbeitsplatz einrichten, indem zufällige Berührungen vermieden werden oder dem Kind einen Gehörschutz bei Stillarbeit anbieten (vgl. Lohmann 2016, S. 94). Ein heller Klassenraum mit hellem Mobiliar und einer angenehmen Akustik können dem Kind helfen sich wohlzufühlen (vgl. Lang 2015, S. 46). Die Raumstruktur kann als eine weitere Strategie angewandt werden. Denn eine klare Raumstruktur erleichtert die Situation für traumatisierte Kinder mit häuslichen Gewalterfahrungen enorm. Diese Struktur sollte sich vor allem im Schulgebäude, auf dem Pausenhof und speziell im Klassenraum wiederfinden. Dort wird ein klarer Rahmen eingerichtet, in dem bestimmte Verhaltensregeln stattfinden. Diese können zum Beispiel Ruhezonen, Spielzonen, Bewegungsräume aber auch Plätze ohne viel Ablenkung darstellen. Auch der Sitzplatz des betroffenen Kindes im Klassenraum spielt dabei eine große Rolle. Oft sind traumatisierte Kinder mit Enge und Nähe stark überfordert, so dass es sinnvoll erscheint, ihnen die Möglichkeit der freien Platzwahl einzuräumen, wo sie am besten lernen und ungehinderten Blickkontakt zur Lehrkraft aufnehmen können. Auch der Raum an sich kann strukturiert werden, da offene Regale, zu viele Bilder und Materialien traumatisierte und wahrnehmungsgestörte Kinder irritieren und ablenken können, was zu Konfusionen führen kann (vgl. Ding 2013, S. 62).

Auch verändernde Situationen im schulischen Rahmen, zum Beispiel von einem Raum in den anderen zu wechseln sind für betroffene Kinder sehr schwer, da sie durch eine neue Situation mit neuen Unsicherheiten und Stress konfrontiert werden (vgl. Lang 2015, S. 47). Grundsätzlich sollten Veränderungen jeglicher Art möglichst früh angekündigt werden. Dabei sollte eine Verlaufstranzparenz deutlich werden, bei der angesagt wird, was und wann etwas gemacht oder verändert wird. Dies betrifft unter anderem Stundenplanänderungen, Lehrerwechsel, andere Sitzordnungen oder auch der Raumwechsel (vgl. Lohmann 2016, S. 92).

Bei Pausensituationen erscheint es daher sinnvoll dem Kind mitzuteilen welche Lehrkraft Aufsicht hat, damit es weiß an wen es sich im Ernstfall wenden kann. Fühlt sich das Kind in Pausensituationen zu sehr gestresst oder es ist den Situationen nicht gewachsen, kann ihm angeboten werden, sich in den Klassenraum oder in einen Schonraum zurückzuziehen (vgl. Lang 2015, S. 47) oder spezielle Interessen wie malen, Computer, lesen oder Aquariumspflege nutzen. Denn traumatisierte Kinder in Folge häuslicher Gewalt und einer Bindungsstörung verfallen häufig bei sozialen Kontakten in puren Stress, so dass eine erhoffte Erholung während der Pause nicht umzusetzen ist. Eine hilfreiche Unterstützung könnte dem Kind angeboten werden, indem es eine personelle und individuelle Betreuung erhält in Form eines Mitschülers, einer Aufsicht oder eines Paten. Diese kann das Kind in Situationen die es selbst nicht lösen kann unterstützen oder sogar schützen (vgl. Lohmann 2016, S. 93).

Zusätzlich sollte als weitere Strategie das soziale Miteinander unterstützt und gestärkt werden. Denn betroffene Kinder nehmen aufgrund ihrer traumatischen Gewalterfahrungen die Reize ihrer Umwelt nicht richtig oder verzerrt wahr. Dies kann zu sozialen Schwierigkeiten im schulischen Alltag führen, denn schon die kleinste Handlung aus dem Klassenumfeld kann zu Schmerz, Trauer oder Aggressionen führen, die zum Teil auch verhältnismäßig heftig ausfallen. Wenn Klassenkameraden dies nicht deuten können, distanzieren sie sich von dem auffallenden Kind und grenzen es somit bewusst oder auch unbewusst aus. Dabei ist es wichtig mit allen Beteiligten Gespräche zu führen bei denen die Gefühle und Absichten der stattgefundenen Reaktionen zu erläutern und zu klären sind. Aufgrund der eingeschränkten Bindungserfahrungen besitzt das traumatisierte Kind nur eingeschränkte Konfliktlösungskompetenzen (vgl. ebd., S. 84). Daher ist es wichtig der Klasse zu erklären, warum sich das traumatisierte Kind so verhält wie es sich verhält, um Mobbing und Stigmatisierung vorzubeugen. Auch das viele Reaktionen nicht mit Absicht geschehen, sondern eine Folge von Angst und Unsicherheit sind. Alle Schulkinder sollten mit Hilfe konkreter Tipps erfahren, wie sie mit solch kritischen Situationen umzugehen haben (vgl. ebd., S. 85).

Auch Strukturen helfen betroffenen Kindern sehr, denn wie bereits erwähnt fühlen sie sich vor unvorhersehbaren Situationen eher bedroht. Daher ist es wichtig ihnen einen klaren Rahmen anzubieten, in dem immer wiederkehrende Abläufe stattfinden. Rituale wie die Begrüßung zum Anfang der Unterrichtstunde, einen regelmäßig stattfindenden Morgenkreis, sowie ein gut lesbarer Tagesplan der kurz besprochen wird, geben den Kindern Struktur und dadurch Sicherheit (vgl. Ellinger 2017, S. 29). „Ritualisierte Abläufe helfen SchülerInnen morgens anzukommen, vermitteln Sicherheit und ermöglichen es ihnen Bindungen zu MitschülerInnen und LehrerInnen aufzubauen" (ebd., S. 30).

Lehrkräfte können somit den betroffenen Kindern einen traumasensiblen Rahmen anbieten, in dem sie eine positive Sprache und viel Aufmerksamkeit durch die Lehrkraft erfahren. Unterstützt wird dies durch eine Reizminimierung innerhalb des Klassenzimmers und das Anbieten von Ruhezonen im Schulgebäude oder auf dem Schulgelände für die Pausenzeiten. Darüber hinaus ist darauf zu achten, Veränderungen jeglicher Art mit dem Kind rechtzeitig zu besprechen und somit klare Strukturen zu schaffen, die ihm Sicherheit vermitteln.

Aber nicht nur der traumasensible Rahmen bietet Unterstützung für traumatisierte Kinder, sondern auch weitere Maßnahmen wie zum Beispiel die Präventionsarbeit an Schulen.

4.4 Möglichkeiten der Präventionsarbeit an Schulen

Kinder verbringen viel Zeit ihres Lebens in der Schule. Daher benötigen sie unbedingt das Potential und die Unterstützung der schulischen Institution. Gerade Lehrkräfte die die meiste Zeit mit den Kindern im Unterricht verbringen sollten überlegt handeln, wenn sie einem betroffenen Kind helfen wollen. Dazu wird im Folgenden kurz aufgezeigt was Lehrkräfte generell tun können, wenn ihnen ein traumatisiertes Kind in Folge häuslicher Gewalt auffällt und welche Schritte sie in diesem Fall unternehmen sollten. Danach wird auf die Möglichkeiten der Präventionsarbeit im Unterricht eingegangen.

Fällt einer Lehrkraft ein Kind auf, welches von häuslicher Gewalt betroffen ist oder die Vermutung einer häuslichen Gewalt besteht muss sie agieren. Welche Schritte dazu genau eingehalten werden müssen zeigen Handlungsleitfäden unterschiedlicher Bundesländer auf. Diese sind inhaltlich ähnlich strukturiert und beinhalten annähernd gleiche Vorgehensweisen.

In den Handlungsleitfäden wird beschrieben, dass Lehrkräfte aufgrund von Veränderungen des Verhaltens von Kindern oder mehr und weniger deutlichen Äußerungen oder körperliche Misshandlungsspuren den Verdacht auf häusliche Gewalt entwickeln können. Dabei sollten sie mit ihrem Verdacht behutsam umgehen und nicht überstürzend. Damit die Lehrkraft mit dieser Empfindung nicht alleine bleibt, ist es wichtig das Gespräch mit Kollegen und der Schulleitung zu führen. Im weiteren Umgang mit dem Verdacht von häuslicher Gewalt und den betroffenen Kindern sollte Hilfe von Fachleuten, Beratungsstellen und dem Jugendamt hinzugezogen werden (vgl. BIG 2007, S. 12f). Dies ist auch anonym möglich. Denn das Jugendamt klärt im weiteren Verlauf den Verdacht auf häusliche Gewalt und die Festlegung des Umgangs mit der Familie. Zusätzlich können auch SozialarbeiterInnen aus dem zuständigen Wohnviertel kontaktiert und informiert werden (vgl. Gewalt gegen Kinder und Jugendliche 2010, S. 31). Ergänzend weist die Schweiz in den Kantonen Zürich und Thorgau in ihren Leitfäden zur häuslichen Gewalt darauf hin, dass vielmehr dem Kind gut zuzuhören ist und es in seinem Verhalten zu beobachten, bestenfalls mit einer Protokollführung (vgl. Kantonspolizei Thurgau, S. 10). Dies dient nicht nur der eigenen Absicherung, sondern auch um den Ablauf der Verhaltensauffälligkeiten und der eigenen Beobachtungen nachvollziehbar zu machen, da eine Verdachtsabklärung über einen längeren Zeitraum erfolgen kann (vgl. BIG 2007, S. 12f). Zusätzlich ist darauf zu achten, der Lehrkraft nicht die Aufgabe der Problemlösung zuzuschreiben, sondern sie vielmehr durch ihre Aufmerksamkeit als eine Unterstützung zu sehen (vgl. Kantonspolizei Thurgau, S. 10). Entscheidend ist auch, dass wenn sich akute Notsituationen zeigen, sich die Lehrkraft nicht davor scheuen sollte, Hilfe von Polizei oder Jugendamt einzuholen (vgl. Lohmann 2016, S. 53f). Es gilt, das Kind vor weiteren Übergriffen zu schützen. Dabei sollte die Lehrkraft nicht mit dem Kind über den eigenen Verdacht sprechen, sondern vielmehr wie bereits erwähnt andere in der Klasse unterrichtende Lehrkräfte und die Schulleitung mit einbeziehen. Sollte es an der Schule eine Schulsozialarbeit geben oder einen Ort für Gewaltprävention, dann sollten diese auch benachrichtigt werden (vgl. Lohmann 2016, S. 74).

Nach Vorgaben der Kultusministerkonferenz von 2013 wird die Schule als ein Ort der präventiven Maßnahmen gegen häusliche Gewalt gesehen. Dabei soll das Thema häusliche Gewalt als ein Bestandteil der allgemeinen oder schulinternen Lehrpläne aufgenommen werden, um es in verschiedenen unterrichtlichen Zusammenhängen aufzugreifen und mit den Schulkindern zu diskutieren (vgl. KMK 2013, S. 3). Denn so kann „Schule (...) ein erster Ort von Enttabuisierung sein" (Strasser 2001, S. 250). Generell sollte Prävention Bestandteil an allen Schulen zum Thema häusliche Gewalt sein. Dazu ist es allerdings erforderlich, dass alle Lehrkräfte über das Thema der häuslichen Gewalt und deren Problematik sensibilisiert werden. Nur so können sie vertrauensvoll und sensibel mit Konzepten und Maßnahmen im Bereich der Früherkennung und der Gewaltprävention arbeiten (vgl. Häusliche Gewalt – Was tun in der Schule? 2016, S. 21).

Wenn Lehrkräfte ihren Schulkindern über einen längeren Zeitraum hinweg aufmerksam und verständnisvoll begegnet sind und auch für Sorgen und Probleme Gehör haben, so sind sie für manche traumatisierten Kinder in Folge häuslicher Gewalt die einzigen Erwachsenen denen sie sich anvertrauen können. Dieses Vertrauen spielt in der Präventionsarbeit in Schulen eine große Rolle. Denn Schule kann das Thema Gewalt aufgreifen, welches im Alltag eher tabuisiert wird (vgl. Sommer 2009, S. 43). „Kinder können in der Schule lernen, dass sie ein Recht auf Schutz und auf ein Leben ohne Gewalt haben und dass es spezielle Hilfsmöglichkeiten gibt" (ebd.). Auch wenn Schule als kein Ort der Interventionen verstanden wird, dann zumindest als ein Ort der Prävention, in der ein wichtiger Beitrag zur Verbesserung der Situation von traumatisierten Kindern in Folge häuslicher Gewalt beigetragen werden kann. Präventionsarbeit kann mit Hilfe verschiedener

Möglichkeiten in den Schulunterricht eingebunden werden. Die Ziele der Präventionsarbeit zeigen sich unter anderem darin, Schulkinder zunächst den Begriff der häuslichen Gewalt näher zu bringen, dass häusliche Gewalt in Familien vorkommt und nicht unbedingt offensichtlich geschieht. Ihnen soll auch vermittelt werden, dass Gewalt zu erfahren mit tiefen seelischen Verletzungen einhergeht und dass Kinder in dieser Situation Hilfe benötigen. Als weiterer Punkt soll deutlich gemacht werden, dass sich Auseinandersetzungen und Streit von Gewalt unterscheiden und dass gewalttätiges Handeln nie zu rechtfertigen ist. Als wichtigster Punkt jedoch, ist die Information an betroffene Kinder, dass sie nicht handlungsunfähig sind, sondern ihnen Möglichkeiten geboten werden, sich selber zu schützen und die Gewalt in der Situation beenden können. Darüber hinaus sollten ihnen spezielle Hilfsangebote aufgezeigt werden, die sie kostenlos und anonym in Anspruch nehmen können. Bei denen sie verstanden und ernst genommen und weitere Handlungsschritte zur Verbesserung ihrer familiären Situation angesteuert werden (vgl. ebd.). Als weitere präventive Maßnahmen sollten unter anderem, im Sport und Turnunterricht das Thema Selbstverteidigung aufgegriffen werden, die Selbstbehauptung von Kindern in Form eines Rollenspiels und des selbstbewussten Ungehorsams, des NEIN-Sagens, erlernt werden, Übungen und Rollenspiele zur Unterscheidung positiver und negativer Gefühle durchspielen und das Einrichten von Präventations- und MediationsAGs mit den Themen wie Wahrnehmung der eigenen Gefühle, Konflikte bewältigen und ähnlichen (vgl. BIG 2007, S. 22).

Darüber hinaus sollten Kindern nicht nur Sozialkompetenzen und Verhaltensweisen mitgegeben werden, sondern auch eine stärkende Persönlichkeitsentwicklung, um einer Täter- oder Opferrolle vorzubeugen. Dabei sollen Fähigkeiten vermittelt werden, die sie in Gewaltsituationen einsetzen können. Das heißt, Situationen in richtigen Momenten einzuschätzen, sich abgrenzen oder entziehen zu können. Des Weiteren sollen sie in der Fähigkeit eines eigenen Selbstbewusstseins und Selbstwertgefühls auch andere als selbstständige Persönlichkeiten akzeptieren und dadurch Verhaltensunsicherheiten abbauen (vgl. BIG 2007, S. 21). „In diesem Prozess sind persönliche Meinungen, gesellschaftliche Normen und Werte sowie einengendes Rollenverhalten – auch in der Familie – in ihrer „Allgemeingültigkeit" durchaus kritisch zu hinterfragen" (ebd.).

Weiterhin sollte das Thema häusliche Gewalt eher sachlich und unpersönlich vermittelt werden, so dass es vor allem betroffenen Kindern ermöglicht wird, anonym und unerkannt zu bleiben, aber dennoch die für sich wichtigen Informationen zu erhalten. Sollte sich ein Kind dennoch „outen", kann ihm das Vier-Augen-Prinzip in einem geschützten Rahmen angeboten werden (vgl. Sommer 2009, S. 44).

Auch Unterstützung in Form von Anlaufstellen sollte betroffenen Kindern angeboten werden in Form von Rufnummern wie, die Nummer gegen Kummer (vgl. www.ksz-hannover.de 2017, S. 1), das Frauenhaus, welches sich auch Problemen speziell für Jungen und Mädchen annimmt (vgl. www.frauenhaus-hannover.org 2017, S. 1), aber auch die Telefonseelsorge (vgl. www.telefonseelsorge.de/).

Dennoch ist es weiterhin wichtig bei diesem Thema den Kindern differenzierte und klare Informationen zu geben. Dabei soll nicht der Gewalt ausübende Elternteil als Person im Gesamten verurteilt werden, sondern vielmehr müssen das gewalttätige Verhalten und die dementsprechende Verantwortlichkeit benannt werden (vgl. Sommer 2009, S. 45). Medien wie Filme „ Kennst du das auch?" und das Internet mit Seiten wie „www.kidsinfo-gewalt.de" oder „www.gewalt-ist-nie-ok.de" können dabei behilflich sein, wenn diese im Unterricht angeboten werden (vgl. ebd., S. 46f).

Zusätzlich kann Elternarbeit als eine präventive Maßnahme eingesetzt werden. Dabei soll das Thema Kinder und häusliche Gewalt entprivatisiert werden, um somit eine Aufgeschlossenheit für eine gewaltfreie Partnerschaft und Familienatmosphäre der Eltern zu erreichen. Darin besteht die Möglichkeit betroffene Familien für häusliche Gewalt zu sensibilisieren und sie für eine gewaltpräventive und gewaltfreie Erziehung zu gewinnen. Dazu werden Informationen vermittelt die dem sozialen Miteinander und die Vorbeugung häuslicher Gewalt dienen (vgl. Kreyssig 2013, S. 414). Eltern sollen dabei nicht nur erfahren was häusliche Gewalt bedeutet, sondern auch welche Auswirkungen sie auf ihre Kinder haben kann (vgl. www.big-praevention.de 2010, S. 2).

Es gibt Vereine die unter verschiedenen Projekten Präventionsarbeit in den Schulen durchführen. Dies sind zum Beispiel in Berlin die BIG, Berliner Initiative gegen Gewalt an Frauen, die sich sehr intensiv mit dem Thema Präventionsarbeit auch an Schulen beschäftigt. Dabei werden unterschiedliche Möglichkeiten der Aufklärung angeboten, die sich nicht nur auf Kinder beziehen, sondern auch Fortbildungen für die Lehrkräfte beinhalten (vgl. ebd., S. 21). Ein weiteres Präventionsprojekt, welches seit 2009 existiert ist *phoenix*, eine Kinder- und Jugendberatung bei sexueller und häuslicher Gewalt in Göttingen. Auch hier werden Fortbildungen für Schulen und Lehrkräfte angeboten und auch Präventionsprogramme an Schulen durchgeführt (vgl. Prävention häuslicher Gewalt mit Mädchen und Jungen 2011, S. 39f). Entscheidend bei diesem Projekt ist, dass Präventionsangebote und Präventionsarbeit immer im Kontext mit der Traumapädagogik stehen. Im weiteren Verlauf der Präventionsarbeit werden dann traumapädagogische Beratungen angeboten, welche allerdings über Präventionsarbeit hinausgehen und bereits als Interventionsmaßnahme zu verstehen sind (vgl. ebd., S. 40).

Präventionsprogramme an Schulen haben des Weiteren nicht nur das Ziel betroffene Kinder zu erreichen, sondern auch deren Freunde, da diese eine Möglichkeit eines ersten Hilfekontaktes bestärken können (vgl. S. 39f). Damit *phoenix* auf kurzfristige Anfragen von Lehrkräften schnell und flexibel reagieren kann, hat das Präventionsprojekt ein Kurzmodul für Schulklassen entwickelt. In bis zu zwei Schulstunden werden mit Hilfe von Arbeitsblättern regionale Beratungsangebote und unterschiedliche Formen der Gewalt in Familien thematisiert. Zusätzlich werden dabei mit Hilfe von Übungen Diskussionen zu Rollenverteilungen und Partnerschaftsvorstellungen durchgeführt und auch Themen wie Geschlechtlichkeit, Partnerschaft, Lebensplanung und Sexualität aufgegriffen und vermittelt (vgl. ebd., S. 41f).

Präventionsarbeit an Schulen arbeitet somit auf verschiedenen Ebenen, sie hilft auch mögliche Fälle von häuslicher Gewalt aufzudecken, aber wenn es um weitere Maßnahmen wie Interventionen geht, dann kann Schule dies nicht allein bewältigen. Dazu benötigt sie ein Netzwerk unterschiedlicher Anlaufstellen und professionalisierter Fachkräfte (vgl. Rudolph 2007, S. 75). Denn Schule ist ist nur eine von vielen Institutionen, die sich an Interventionsprozessen beteiligen (vgl. ebd., S. 78).

5 Unterstützungserweiterung durch unterschiedliche Kooperationen

Lehrkräfte sind wie bereits erwähnt in Verdachtssituationen nicht alleine. Eine Reihe unterstützender Kooperationen in Verbindung zur Schule stehen den Lehrkräften dabei zur Verfügung. Diese Kooperationen können zwischen Schule und Pädagogen, Ärzten, Jugendämtern, Fachkräften des Kinderschutzes, der Polizei und Fachkräfte der öffentlichen und freien Träger der Kinder- und Jugendhilfe bestehen (vgl. Handreichung zur Förderung des Erkennens von Kindesmisshandlung und des adäquaten Umgangs mit Verdachtsfällen 2009, S. 15). Im Folgenden wird auf die wichtigsten Kooperationen wie die Eltern und weitere Institutionen eingegangen.

5.1 Eltern

Bei einem Verdacht auf akute häusliche Gewalt bei Kindern sollte eine Zusammenarbeit mit den Eltern in Betracht gezogen werden. Dies sollte allerdings überaus sensibel geschehen. Es kann damit begonnen werden mit den Elternteilen über die eigens durchgeführten Beobachtungen und Protokollierungen der Verhaltensauffälligkeiten zu sprechen (vgl. BIG 2007, S. 17f). „Im Zentrum des Gesprächs mit den Erziehungsberechtigten steht die Sorge um das Kind, die mit den Eltern geteilt werden kann, und nicht die Verdachtsabklärung oder ein Fehlverhalten der Erziehungsberechtigten" (ebd., S. 13). Es geht dabei viel mehr darum einen Kontakt zu den Eltern aufzubauen, um Interesse für die Problematiken mit dem Kind zu entwickeln. Dabei ist es wichtig, dass die Lehrkraft sich dabei zum einen selbst hinterfragt wie die eigene Einstellung zu den Eltern und der Familie ist, zum anderen sollte sie versuchen sich in die Sichtweise der Beteiligten hineinzuversetzen, um somit ein Gefühl und einen Blick für die Vielschichtigkeit der Schwierigkeiten zu erhalten und auch für die benötigte Hilfe (vgl. ebd.). Zusätzlich sollte mit den Eltern immer wieder ein neuer Termin ausgemacht werden, so dass beide Seiten stets in Kontakt bleiben. Dabei muss deutlich werden, dass es der Lehrkraft wichtig ist Unterstützung und Hilfestellung für das Kind, sowie den Eltern insbesondere in problematischen Situationen anzubieten und auch Auswege und Hilfen aufzuzeigen (vgl. ebd., S. 14). Die Lehrkraft kann zudem als Unterstützung den schulpsychologischen Dienst einbeziehen, um den betroffenen Eltern weitere Hilfsangebote anzubieten. Denn dieser unterstützt auch bei Konfliktbewältigungen und vermittelt an spezialisierte Beratungsstellen weiter (vgl. Handreichung zur Förderung des Erkennens von Kindesmisshandlung und des adäquaten Umgangs mit Verdachtsfällen 2009, S. 24).

Es kann dabei durchaus sein, dass ein Elternteil selber Opfer häuslicher Gewalt in Form von Partnerschaftsgewalt ist. Dabei kann die betroffene Person zusätzlich auf Hilfsangebote wie anonyme Beratungsstellen hingewiesen werden (vgl. BIG 2007, S. 17f). Dennoch können sich Eltern auch ganz aus einem Gespräch herausziehen, da sie befürchten können, „... ihre Kinder würden ausgehorcht oder gegen sie aufgehetzt oder es könnte sich jemand ungebeten und mit nachteiliger Konsequenz in ihre Privatangelegenheiten einmischen" (Kreyssig 2013, S. 414). Sollte sich die Zusammenarbeit der Eltern somit schwierig darstellen, weil Mütter und Väter nicht bereit sind die Problematiken als solche anzuerkennen und dadurch auch keine Hilfsangebote annehmen, dann kann nur bei einem gefährdeten Kindeswohl eine andere Unterstützung, wie das Jugendamt, genutzt werden. Aus Gründen des Datenschutzes kann dieses auch anonym erfolgen (vgl. BIG 2007, S. 18).

Hierbei zeigt sich, wie wichtig die bereits vorgestellte Präventionsarbeit zum Thema häusliche Gewalt an Schulen ist. Denn wenn Kinder und Eltern von den Präventionsangeboten der Schule profitieren, können schwierige Elterngespräche vorgebeugt und bestenfalls minimiert werden.

5.2 Jugendamt

Schulen können und sollten sich in einem akuten Fall von häuslicher Gewalt schnellstmöglich an das Jugendamt wenden. Das Jugendamt hat dabei die Aufgabe das betroffene Kind vor Gefährdung zu schützen und Hilfe anzubieten (vgl. Bildung für Berlin, S. 4).

> „Der Lehrer fördert und fordert, der Sozialbearbeiter hilft und kontrolliert" (Kreuznacht 2001, S. 83).

Das Jugendamt ist angehalten die positive Entwicklung von Kindern nicht durch Gewalterfahrungen beeinflussen zu lassen, sondern mit konstruktiven Alternativen dem Thema Gewalt entgegenzuwirken. Eine Hilfe dabei ist die Kooperation mit Schulen, da sie einen wesentlichen Faktor in der Lebenswelt von Kindern darstellt und das Jugendamt so die Möglichkeit erhält vielen Kindern entgegenzukommen, zu helfen und über Angebote zu informieren (vgl. Sturzenhecker 2001, S. 125). Das bedeutet, dass Jugendämter aufgrund eines Schutzauftrages dazu verpflichtet sind, sich einen Überblick über die gegenwärtige Situation zu verschaffen, um somit die notwendigen Schritte einleiten zu können, um eine weitere Schädigung des Kindes abzuwenden (vgl. Handreichung zur Förderung des Erkennens von Kindesmisshandlung und des adäquaten Umgangs mit Verdachtsfällen 2009, S. 18f). Dabei prüfen sie das Gefährdungsrisiko der Kinder in der Familie, um gegebenenfalls eine erforderliche Intervention einzuleiten und der Familie Unterstützung anzubieten (vgl. Schutz des Kindeswohls bei häuslicher Gewalt 2010, S. 10). Zusätzlich sind Jugendämter inklusive eines sozialen Dienstes ausgestattet, der als Ansprechpartner für ErzieherInnen und Lehrkräfte agiert. Sie beraten unter anderem sozial- und pädagogische Fachkräfte und informieren sie über Hilfsangebote und Beratungsstellen in ihrem jeweiligen Umfeld. Das Jugendamt dient somit auch als Wegweiser für die richtigen Anlaufstellen (vgl. Handreichung zur Förderung des Erkennens von Kindesmisshandlung und des adäquaten Umgangs mit Verdachtsfällen 2009, S. 18f). Darüber hinaus kooperiert das Jugendamt mit dem Sozialen Dienst nicht nur mit Schulen, sondern verfügt über ein weitreichendes Netz mit anderen Institutionen wie Selbsthilfegruppen, Kirchen, Familiengerichten, dem Gesundheitswesen und der Polizei. Dies ermöglicht es ihm umgehend Kontakt zu der betroffenen Familie aufzunehmen, falls jene dies selbst nicht in Angriff nimmt (vgl. Heynen 2013, S. 234).

Kooperationen zwischen Jugendamt und Schule müssen sich auf gemeinsame Ziele stützen die zwar an unterschiedlichen Orten und auf unterschiedlichen Wegen umgesetzt werden, aber dennoch für beide Seiten von Vorteil sind. Die Schule kann dem Jugendamt Informationen über die Lebenssituationen und die Probleme von Kindern vermitteln. Diese Kontakte und Zugänge können für das Jugendamt in seiner Aufgabe Hilfe zur Erziehung, von großen Nutzen sein. Andersherum kann das Jugendamt für die Schule genauso wichtige Informationen vermitteln. Denn es kann der Schule die Besonderheiten und die Lebensumstände eines einzelnen Kindes verständlicher und zugänglicher machen. Zusätzlich kann es Kindern vermitteln, wie wichtig Schule für deren weitere Zukunft ist (vgl. Schrapper 2011, S. 179).

Darüber hinaus sind gemäß dem Kinder- und Jugendhilfegesetz und dem Schulgesetz Schulen und Jugendhilfe dazu verpflichtet, sich in ihren Aufgaben abzustimmen und zu unterstützen. Zusätzlich muss das Jugendamt gemäß den gesetzlichen Vorgaben des Sozialgesetzbuches eine Gefährdungseinschätzung mit mehreren Fachkräften abschätzen. Damit dieser Informationsaustausch umgesetzt werden kann, müssen zwischen den Leitungspersonen des Jugendamtes und der Schule konkrete Ansprechpartner vermittelt werden. Werden kritische Situationen, unter anderem häusliche Gewalt bei Kindern bekannt, können Schule und Jugendamt mit anderen Fachkräften gemeinsame Hilfeplanungen erstellen, dabei wird auch die zuständige Lehrkraft, üblicherweise die Klassenlehrerin oder der Klassenlehrer, mit einbezogen. Die Schule kann in diesem Rahmen eine Schulhilfekonferenz einberufen, bei der unter anderem die fallzuständige Fachkraft des Jugendamtes und ein schulpsychologisches Beratungszentrum beteiligt ist, um so weitere Maßnahmen zu koordinieren (vgl. Schul- und Jugend-Rundschreiben Nr. 1/2006 über gegenseitige Information und Zusammenarbeit von Jugendämtern und Schulen 2007, S. 23af). Kooperation zwischen Jugendamt und Schule bedeutet auch, dass beide Seiten ihren Kenntnisstand über den anderen Bereich regelmäßig und entsprechend erweitern. Zum Beispiel indem auch Lehrkräfte als auch sozialpädagogische Fachkräfte des Jugendamtes sich immer wieder neu über die gegenseitigen Arbeitsfelder und Arbeitsweisen informieren und sich ganz besonders über konkrete Erfahrungen der Kinder austauschen (vgl. Schrapper 2011, S. 180). Darüber hinaus können kollegiale Arbeitskreise gebildet werden in denen sich pädagogische Fachkräfte aus Jugendamt und Schule treffen und austauschen. Diese können durchaus durch weitere Experten wie Polizei, inner- und außerschulische Beratungsdienste oder Schulpsychologen erweitert werden. Dabei wird nicht das Thema Gewalt an sich erarbeitet, sondern vielmehr einzelne Problemfälle die im Einzelnen und konkret vorgestellt werden, beraten (vgl. Sturzenhecker 2001, S. 126).

Damit die Zusammenarbeit zwischen Jugendamt und Schule gefördert wird, kann das Jugendamt zum Beispiel im Rahmen einer Lehrerfortbildung seine Aufgabenbereiche in Zusammenhang mit der Kooperation zur Schule aufzeigen und vermitteln. Lehrkräfte können sich dabei mit Fachkräften des Jugendamtes austauschen und über Informationsschreiben sowie Ansprechpartner und Telefonnummern weitere Informationen einholen. So können Lehrkräfte schnell handeln und den passenden Ansprechpartner in Kenntnis setzen, denn Ansprechpartner des Jugendamtes und des Sozialen Dienst sind den zugeordneten Wohnbezirken aufgeteilt und nicht nach Familiennamen oder Schulen (vgl. Kreuznacht 2001, S. 80). Mitarbeiter des Jugendamtes können darüber hinaus auch direkt in Schulklassen gehen und über bestimmte Themen, zum Beispiel häusliche Gewalt, informieren und sich gleichzeitig als Ansprechpartner anbieten (vgl. ebd., S. 83). Die Kooperation zwischen Schule und Jugendamt kann auch als Ressourcenherstellung für Kinder arbeiten, indem sie Zugänge zu den Kindern und ihrer Lebenswelt herstellen können. Dies kann zum Beispiel durch attraktive Elternarbeit geschehen, bei der durch Schule und Jugendamt versucht wird Eltern jenseits ihres Alltags an der Mitgestaltung von Schule und Jugendarbeit zu motivieren, Stärkung von Mädchen mit Hilfe Mädchenarbeitsinstitutionen, Beratung bei Schulproblemen mit Hilfe eines BeraterInnenduos aus Lehrkräften und JugendarbeiterInnen oder aber auch die Eröffnung eines Schülercafés in das sich Kinder zurückziehen können (vgl. Sturzenhecker 2001, S. 136).

> „Will man Ressourcen für Kinder und Jugendliche erweitern, braucht man dafür möglichst viel Unterstützung. Deshalb richten Schulen und Jugendarbeit gemeinsam mit anderen runde Tische, Arbeitskreise, Stadtteilkonferenzen und ähnliches ein, indem ihre Aktivitäten konzipierten und koordinieren" (ebd.).

In diesem Zusammenhang können Lehrkräfte den betroffenen Eltern das Jugendamt und den damit verbundenen Sozialen Dienst als Unterstützungshilfe anbieten. Dabei ist es von Vorteil, wenn die Empfehlung dabei überzeugend wirkt und die Familie dadurch eine angemessene Hilfe erwarten kann. Sinn macht es zusätzlich, wenn die Lehrkraft eigene Erfahrungen in der Zusammenarbeit mit dem Jugendamt besitzt. Das Ziel soll bei einer Kontaktaufnahme sein, in einem persönlichen Gespräch mit den Eltern die Vorstellung von Angeboten und Handlungsmöglichkeiten zu verdeutlichen und zu einer gemeinsamen Problemansicht zu kommen. Dazu arbeitet das Jugendamt auch mit freien Trägern zusammen, was den Vorteil hat, dass eine absolute Vertraulichkeit gewahrt werden muss, falls Eltern zum Beispiel Vorbehalte gegenüber Behörden haben. Die freien Träger bieten den betroffenen Familien eine vertrauliche und anonyme Beratung an, sowie unterschiedliche Therapien für Kinder, Partner oder Einzelpersonen (vgl. BIG 2007, S. 22). Auch der dem Jugendamt unterstellte Soziale Dienst, je nach Bundesland unterschiedlich benannt in Allgemeiner Sozialer Dienst oder Sozialpädagogischer Dienst, übernimmt dabei als öffentlicher Jugendhilfeträger die Funktion der Beratungs- und Anlaufstelle für Probleme von Kindern und Erwachsenen. Der Schwerpunkt liegt dabei auf Unterstützung und Förderung betroffener Familien bei der Wahrnehmung ihrer Erziehungsaufgaben aber auch die Vermittlung von weiteren Hilfsangeboten. Sollte dabei eine Gefährdung des Kindes bekannt werden, so muss das Jugendamt tätig werden. Denn letztendlich übernimmt das Jugendamt die Aufgabe im Rahmen des Fallmanagement die Zusammenarbeit aller unterstützenden Professionen und Institutionen zu strukturieren und zu koordinieren. Dabei werden die Vorgänge nicht nur vorbereitet, sondern auch entsprechend begleitet (vgl. ebd., S. 23). „Es ist Aufgabe aller mit dem Problem befassten Fachkräfte, das Jugendamt in der Wahrnehmung seiner gesetzlichen Aufgaben zum Wohle des betroffenen Kindes zu unterstützen" (ebd.). In diesem Bezug greift die Präventionsarbeit, die durch ein frühzeitiges Zusammenwirken der Fachkräfte das Kind vor Gefahren schützen. Dabei bietet das Jugendamt fallbezogene Hilfekonferenzen an, die sich nach den Vorgaben des Kinder- und Jugendhilfeschutzgesetzes richten. Diese Maßnahmen richten sich an Kinder und deren Familien und ermöglicht auch den Lehrkräften eine pädagogische und erzieherische Fachkompetenz einzubringen (vgl. ebd.).

Aber das Jugendamt ist nicht der einzige Kooperationspartner, wenn es darum geht traumatisierten Kindern in Folge häuslicher Gewalt zu helfen und auch ihren Familien eine Anlaufstelle zu bieten. Es gibt weitere Institutionen die auch Lehrkräften bekannt sein müssen, wenn sie mit traumatisierten Kindern in Folge häuslicher Gewalt arbeiten und ihnen helfen wollen einen Ausweg zu finden.

5.3 Weitere Institutionen

Neben dem Jugendamt gibt es zusätzlich viele unterschiedliche Anlaufstellen zum einen für betroffene Kinder und Familien, aber auch für Schulen und Lehrkräfte. Dabei ist es allerdings davon abhängig, inwieweit Schulen über die für sie örtlichen Anlaufstellen informiert und vernetzt sind. Einige Schulen arbeiten bereits mit unterschiedlichen Institutionen in Form von Kooperationen zusammen, andere eher weniger. Im Folgenden sollen mögliche weitere Anlaufstellen als schulische Partner zum Thema traumatisierte Kinder durch häuslichen Gewalterfahrungen aufgezeigt werden.

Zum einem bieten Kinder- und Jugendnotdienste, wie bereits in Kapitel 4.4 aufgezeigt, in akuten Notsituationen in Form von häuslicher Gewalt eine Anlaufstelle. Dabei sind sie nicht nur rund um die Uhr erreichbar, sondern bieten den betroffenen Kindern die Möglichkeit einer vorübergehenden Versorgung und Betreuung (vgl. Handreichung zur Förderung des Erkennens von Kindesmisshandlung und des adäquaten Umgangs mit Verdachtsfällen 2009, S. 23).

Auch Kinderschutzzentren, wie zum Beispiel der Deutsche Kinderschutzbund bieten nicht nur Krisentelefone für betroffene Kinder und ihre Familien an, sondern arbeiten in Form von Fachberatungen auch mit ErzieherInnen, LehrerInnen und SozialarbeiterInnen zusammen. Dabei bieten sie Fortbildungen zum Thema Kinderschutz, Vernachlässigung und Gewalt gegen Kinder, sowie körperliche und sexuelle Misshandlung an (vgl. ebd.).

Für erziehungsrelevante Fragen stehen Erziehungsberatungsstellen zur Verfügung. Diese bieten Unterstützung bei Fragen um die Erziehung und Entwicklung von Kindern, Eltern-Kind-Konflikten, häuslicher Gewalt und Erziehungsschwierigkeiten (vgl. ebd.). Aber auch wenn von den betroffenen Familien ein kurzfristiges Entlastungsgespräch notwendig ist, um in der Familie miteinander besser zurechtzukommen. In Hannover gibt es beispielsweise dazu vier Jugend-, Familien- und Erziehungsberatungsstellen die aufgesucht oder kontaktiert werden können (vgl. www.hannover.de, S. 1).

Häusliche Gewalt kann aus innerpartnerlichen Konflikten resultieren, wobei das Kind meistens dabei nicht ausgeschlossen, sondern direkt betroffen ist. Auch den Eltern kann somit eine Unterstützung mit einer Partner-, Ehe-, Familien- und Lebensberatung geboten werden. Inhalt dieser Beratungen sind unter anderem Hilfe bei schwierigen Familiensituationen oder die Kompetenzförderungen sowie die Stärkung der Eigenverantwortlichkeit (vgl. Handreichung zur Förderung des Erkennens von Kindesmisshandlung und des adäquaten Umgangs mit Verdachtsfällen 2009, S. 24). Anlaufstellen wie diese werden zum Beispiel in Hannover von der Caritas über die katholische Kirche angeboten. Die Caritas bietet dabei Beratungen in mehr als 350 Beratungsstellen vor Ort oder online an. Die in der Beratung arbeitenden Personen haben dabei unterschiedliche Berufsfelder, wie Psychologe, Pädagoge oder Sozialpädagoge und sind als Ehe-, Familien- und Lebensberater ausgebildet (vgl. www.caritas.de, S. 1).

Zusätzlich werden dazu in verschiedenen Städten, Stadtkreisen, sowie Gemeinden unterschiedliche Koordinierungsstellen angeboten. Als Beispiel dazu kann die bereits in Kapitel 4.4 genannte BIG – Berliner Interventionszentrale bei häuslicher Gewalt, genannt werden, aber auch eine weitere Anlaufstelle für die Stadt Hannover aufgezeigt werden. HAIP AG Kinder, dem Hannoverischen Interventionsprojekt gegen Männergewalt in der Familie - eine Koordinierungsstelle für Mädchen und Jungen die von häuslicher Gewalt betroffen sind. Das Projekt vernetzt dabei die Interventionskette der mit Kinder arbeitenden Einrichtungen. Mitglieder der HAIP AG sind unter anderem das Kinderschutzzentrum Hannover, der Kommunale Sozialdienst, das Frauen- und Kinderschutzhaus, das Frauenhaus, das Männerbüro und die Bestärkungsstellen für von Gewalt betroffene Frauen. Schwerpunkte der HAIP AG Kinder sind dabei die Gestaltung der Kontaktaufnahme zu betroffenen Familien nach polizeilichen Einsätzen zu häuslicher Gewalt, sowie eine Information von Fachkräften und professioneller Unterstützungsmöglichkeiten an Schulen und Kitas. Auch Präventionsprojekte an Schulen wie Führungen und Gruppengespräche in Zusammenhang mit der Ausstellung „Gegen Gewalt in Paarbeziehungen" werden angeboten. Darüber hinaus werden Fachkräften, sowie Lehrkräften Broschüren für betroffene Kinder im Grundschulalter angeboten, diese sind kindgerecht erstellt und ermutigt Kinder sich helfen zu lassen. Für Lehrkräfte und Eltern ist ein Informationsblatt beigefügt. Zur weiteren Bestärkung der Kinder kann ein Kartensatz „Du hast ein Recht" verteilt werden. Zusätzlich werden auch Maßnahmen mit Unterstützung von Traumatherapeuten, sogenannte Stabilisierungsgruppen, für betroffene Kinder angeboten, die keine häusliche Gewalt mehr in ihrer Familie erfahren müssen (vgl. Prävention häuslicher Gewalt mit Mädchen und Jungen 2011, S. 48f).

Hierbei lässt sich eindeutig erkennen, dass es eine Vielzahl unterschiedlicher Anlaufstellen für traumatisierte Kinder in Folge häuslicher Gewalt, ihren Familien und auch Schulen und Lehrkräften gibt. Entscheidend dabei sollte sein, dass eine großflächige Vernetzung dieser Anlaufstellen mit der Schule stattfindet, um somit eine möglichst schnelle, kompetente und passende Unterstützung für betroffene Kinder zu gewährleisten.

6 Fazit

Zusammenfassend zeigt sich, dass es durchaus Möglichkeiten für Lehrkräfte gibt, traumatisierte Kinder in Folge häuslicher Gewalt zu beschulen und in diesem Rahmen nicht nur zu unterrichten, sondern sie auch aufzufangen. Dabei sollten zunächst Begriffe wie häusliche Gewalt und Traumatisierung von der Lehrkraft genauer hinterfragt und verstanden werden. Denn nur wenn ein Grundverständnis beider Begriffe vorhanden ist und sich die Lehrkraft auch über mögliche Folgen einer Traumatisierung für die kindliche Entwicklung bewusst ist, kann der nächste Schritt angegangen werden. Dabei liegt der Fokus vor allem auf der Bindung zwischen Lehrkraft und traumatisierten Kind. Diese muss zunächst durch die Lehrkraft geschaffen werden. Denn nur durch eine vertrauensvolle Bindung kann sie weiter mit dem betroffenen Kind arbeiten. Um diese Bindung herzustellen, muss sich die Lehrkraft über eventuelle Risiko- und Schutzfaktoren des Kindes bewusst sein.

Kinder mit traumatischen Erlebnissen durch häusliche Gewalt verhalten sich in der Schule und im Unterricht anders. Die Lehrkraft darf dieses nicht als Störung in diesem Sinne verstehen, sondern vielmehr als eine Folge der extremen Belastung des Kindes in seinem privaten Umfeld. Damit sie auf das Kind beruhigend und unterstützend einwirken kann, benötigt sie spezielle Kompetenzen die eine Zusammenarbeit mit dem traumatisierten Kind in Folge häuslicher Gewalt ermöglichen. Dabei geht es nicht nur um die Kompetenzen in Bezug zur Arbeit mit dem Kind alleine, sondern auch um eigene persönliche Grenzen und Möglichkeiten. Zum einen bietet sie dem Kind eine sichere Beziehung an in dem es verstanden und respektiert wird, zum anderen benötigt sie Reflexionskompetenzen, um sich über ihre eigenen Ressourcen bewusst zu werden und somit in ihrer Rolle als unterstützende Lehrkraft nicht unterzugehen. Wenn sie diese Kompetenzen umsetzen kann, kann sie darüber hinaus auch einen Handlungsrahmen für die Beziehungsarbeit mit dem betroffenen Kind schaffen, indem das Kind Sicherheit erfährt und sich somit selbstbewusst entwickeln kann. Dies kann auch durch Peergruppen unterstützt werden, in denen betroffene Kinder unter sich sind und neue Fähigkeiten entwickeln können.

Als wichtigster Punkt jedoch sei erwähnt, dass die Lehrkraft niemals alleine mit dieser Herausforderung stehen sollte. Andere Lehrkräfte in der Schule und die Schulleitung sollten immer im Austausch mit der Lehrkraft über das Kind und seiner Situation stehen. Zusätzlich sollte ein Netzwerk mit anderen Schulen und außerschulischen Institutionen geschaffen werden, um somit die Möglichkeiten einer Präventionsarbeit innerhalb der Schule nicht nur für Kinder und deren Familien, sondern auch für Lehrkräfte und andere schulische Fachkräfte zu ermöglichen. Außerschulisch stehen dabei unterschiedliche Anlaufstellen zur Verfügung. Entscheidend dabei sollte sein, dass eine sinnvolle Vernetzung und ein kindorientierter und regelmäßiger Austausch zwischen den einzelnen Anlaufstellen stattfindet.

Als letzter Punkt sollen die Elterngespräche erwähnt werden, denn diese stellen sich als eine besondere Herausforderung dar. Zum einen kann die Situation während des Gesprächs zwischen betroffenen Eltern und Lehrkraft helfend und unterstützend verlaufen, aber die Gefahr, dass sich Eltern dabei angegriffen oder provoziert fühlen ist dennoch gegeben. Das macht Elterngespräche unberechenbar und kann als Folge zu weiterer Gewalt in der Familie führen. Daher sind diese Gespräche sehr sensibel und gut durchdacht und mit professioneller Unterstützung anzugehen und durchzuführen, damit der Familie und vor allem dem betroffenen Kind bestmöglich geholfen werden kann.

Somit können Lehrkräfte unter Berücksichtigung aller genannten Faktoren für traumatisierte Kinder in Folge häuslicher Gewalt eine Bezugsperson sein, die sie im schulischen Rahmen in ihrer kindlichen Entwicklung positiv unterstützen, beeinflussen und auf das weitere Leben vorbereiten können. Sie kann ihnen einen Ort ohne Gewalt und Angst anbieten, indem Kinder Schutz und Sicherheit erfahren.

7 Ausblick

Es hat sich gezeigt, welche Möglichkeiten für Lehrkräfte zur Verfügung stehen, um traumatisierte Kinder in Folge häuslicher Gewalt im Unterricht aufzufangen und zu unterrichten. Grundsätzlich scheint es aber, dass vielmehr das Thema „traumatisierte Kinder in Schulen" veröffentlicht wird, als Themen, die sich speziell mit traumatisierten Kindern in Folge häuslicher Gewalt beschäftigen. Da es aber unterschiedliche Ausgangssituationen sind, die ein Trauma hervorrufen können und sich dementsprechend in ihren Folgen unterscheiden, sollten bei dem Thema zu traumatisierten Kindern genauere Differenzierungen, wie zum Beispiel in Folge häuslicher Gewalt, vorgenommen und verdeutlicht werden. Durch eine genauere Differenzierung können Schulen und Lehrkräfte gezielter mit den betroffenen Kindern arbeiten. Aber auch das Thema einer Traumatisierung von Kindern in Folge häuslicher Gewalt ist oftmals an Schulen einfach nicht präsent. Dies zeigte sich unter anderem daran, dass es online zum einen kaum Literatur zu dem Thema häusliche Gewalt in Verbindung mit Schule gab und zum anderen, dass auch Konzepte für Schulen zu diesem Thema nur schwer zu finden waren. Sicherlich haben einige Schulen und somit auch einige Bundesländer unterschiedliche Handlungsleitfäden veröffentlicht, sinnvoll wäre aber hier eine Vernetzung zu schaffen, so dass allen Schulen diese Leitfäden zur Verfügung stehen.

Des Weiteren brauchen alle Lehrkräfte, gerade die, die keine sonderpädagogische Ausbildung hatten, eine Möglichkeit, sich über das Thema Bindung und Bindungsbeziehungen bei Kindern informieren zu können. Eine Möglichkeit wäre dabei vielleicht ein Infozettel, der nicht nur die Begrifflichkeiten wie Trauma, häusliche Gewalt und Bindung beinhaltet und erklärt, sondern in diesem Zuge auch alle Anlaufstellen in der jeweiligen Region aufzeigt. Sicherlich können Fälle von häuslicher Gewalt nicht verallgemeinert werden, allerdings muss eine Aufklärung über die wesentlichen Grundlagen stattfinden.

Auch die Vernetzungen zu unterschiedlichen Anlaufstellen sollten dabei ausgebaut und erweitert werden. Vielleicht auch unter den jeweiligen Schulen, die sich mit dem Thema häusliche Gewalt bereits vertiefend auseinandergesetzt haben, um somit weitere Informationen und Unterstützungsmöglichkeiten kennenzulernen. Auch der Austausch unter den Schulen selbst kann zu mehr Aufklärung und Informationen zu dem Thema führen.

Zusätzlich wird bei der Präventionsarbeit oft von betroffenen Kindern und Müttern gesprochen, da sie vermutlich am häufigsten von häuslicher Gewalt betroffen sind. Allerdings wäre es durchaus sinnvoll auch Stellen für Väter oder Familienmitglieder die Gewalt ausüben anzubieten und sie durch Präventionsarbeit zu ermutigen diese aufzusuchen. Denn auch wenn sie nicht das Thema dieser Arbeit sind, so sollten sie keinesfalls vergessen werden, da sie offenbar häufig der Ausgangspunkt für die Traumatisierung von Kindern im Rahmen der häuslichen Gewalt sind.

Abschließend kann also gesagt werden, dass erste Ansätze für Lehrkräfte in der Arbeit mit traumatisierten Kindern in Folge häuslicher Gewalt vorhanden sind, aber noch nicht an allen Schulen ausreichend thematisiert werden. Es bedarf somit mehr Aufklärung an Schulen für Lehrkräfte, Kinder und ihre Eltern, und einer stärkeren Vernetzung zwischen innerschulischen und außerschulischen Anlaufstellen und Experten.

8 Literaturverzeichnis

Besser, U. L. (2013). Wenn die Vergangenheit Gegenwart und Zukunft bestimmt. Wie Erfahrungen und traumatische Erlebnisse Spuren in unserem Kopf hinterlassen. Gehirn und Persönlichkeit strukturieren und Lebensläufe determinieren. In: Bausum, J., Besser, U. L., Kühn, M. Weiß (Hrsg.) (2013). Traumapädagogik, Grundlagen, Arbeitsfelder und Methoden für die pädagogische Praxis. (2., erg. und korr. Aufl.). Weinheim und Basel: Beltz Juventa.

BiG – Berliner Interventionszentrale bei häuslicher Gewalt (2007). Gewalt gegen Kinder und Jugendliche. Ein Wegweiser für Berliner Erzieherinnen/ Erzieher und Lehrerinnen/ Lehrer. Berlin. Zugriff am 25.07.2017 http://www.big-berlin.info/sites/default/files/medien/wegweiser_erzieherinnen.pdf

Bildung für Berlin (2008). Zusammenarbeit zwischen Schulen und bezirklichem Jugendamt im Kinderschutz. Handlungsleitfaden. Kooperation von Schule und Jugendhilfe. Berlin: Senatsverwaltung für Bildung, Wissenschaft und Forschung.

Bowlby, J. (2008). Bindung als sichere Basis. Grundlagen und Anwendung der Bindungstheorie. München: Ernst Reinhard Verlag

Deutscher Kinderschutzbund (2012). Stellungsnahme des Deutschen Kinderschutzbundes Bundesverbandes e.V.. Zugriff am 21.08.2017 http://www.dksb.de/images/web/PDFs/SN%20Gewalt%20gegen%20Kinder%20Entwurf%202012-11-14%20CLT.pdf

Ding, U. (2013). Trauma und Schule. Was lässt Peter wieder lernen? Über unsichere Bindungen und sichere Orte in der Schule. In: Bausum, J., Besser, L., Kühn, M. & Weiß, W. (Hrsg.). Traumapädagogik. Grundlagen, Arbeitsfelder und Methoden für die pädagogische Praxis (3. Aufl.). Weinheim und Basel: Juventa Verlag.

Dlugosch, S. (2010). Mittendrin oder nur dabei? Miterleben häuslicher Gewalt in der Kindheit und seine Folgen für die Identitätsentwicklung. (1.Aufl.). Wiesbaden: VS Verlag für Sozialwissenschaft.

Eckhardt, J. (2013). Kinder und Trauma: Was Kinder brauchen, die einen Unfall, einen Todesfall, eine Katastrophe, Trennung, Missbrauch oder Mobbing erlebt haben. (2., durchgesehene Aufl.). Göttingen: Vandenhoeck & Ruprecht GmbH und Co KG.

Ellinger, N. (2017). Was brauchen traumatisierte Kinder in der Schule? Eine Handreichung für Grundschulen. http://www.psychotraumanetz-akt-rier.de/files/1114/4457/9845/Was_brauchen_Trauma_Kinder_i_d_Schule .pdf Zugriff am 24.07.2017

Fischer, G. & Riedesser, P. (1998). Lehrbuch der Psychotraumatotogie. München Basel: Ernst Reinhardt Verlag.

Gewalt gegen Kinder und Jugendliche (2010). Ein Leitfaden für Lehrerinnen und Lehrer, Erzieherinnen und Erzieher in Sachsen Anhalt zu Früherkennung, Handlungsmöglichkeiten und Kooperation. (2. überarbeitetet Aufl.).Zugriff am 08.08.2017 http://www.bundesaerztekammer.de/fileadmin/user _upload/downloads/Sachsen-Anhalt.pdf

Grossmann, K. E. & Grossmann, K. (2006). Bindung und Bildung. Über das Zusammenspiel von Psychischer Sicherheit und Kulturellem Lernen. In: frühe Kindheit – die ersten sechs Jahre. Zeitschrift der Deutschen Liga für das Kind in familie und Gesellschaft e.V., 06/06, 10-17.

Grossmann, K. E. & Grossmann, K. (2015) (Hrsg.). Bindung und menschliche Entwicklung. John Bowlby, Mary Ainsworth und die Grundlagen der Bindungstheorie. (4. Aufl.). Stuttgart: Klett-Cotta.

Gugel, G. (2009). Handbuch Gewaltprävention. Für die Grundschule und die Arbeit mit Kindern. Grundlagen – Lernfelder – Handlungsmöglichkeiten. (2. Aufl.). Tübingen: Institut für Friedenspädagogik.

Günther, C. (2012). Bindung und Lernbehinderung. Der Einfluss von Bindungsqualität auf Beziehungsgestaltung und Sozialverhalten. Münster: Waxmann Verlag.

Habermehl, A. (1999). Gewalt in der Familie. In: Albrecht, G., Groenemeyer, A., Stallberg, F. W. (Hrsg.) (2. Aufl. in 2 Bd.). Handbuch soziale Probleme. Opladen: Westdeutscher Verlag

Handreichung zur Förderung des Erkennens von Kindesmisshandlung und des
adäquaten Umgangs mit Verdachtsfällen (2009).
https://www.thueringen.de/imperia/md/content/tmsfg/abteilung4/refe
rat31/handreichung_zur_f_rderung_des_erkennens_von_kindesmisshand
lung_und_des_ad_quaten_umgangs_mit_verdachtsf_llen.pdf Zugriff am
10.08.2017

Helsper, W. (1996). Antinomien des Lehrerhandelns in modernisierten pädagogischen Kulturen. Paradoxe Verwendungsweisen von Autonomie und
Selbstverantwortlichkeit. In: Helpser, W. & Combe, A. (1996). Pädagogische Professionalität. Untersuchungen zum Typus pädagogischen Handelns. (1. Aufl.). Frankfurt am Main: Suhrkamp.

Heynen, S. (2013). Auftrag und Handlungsmöglichkeiten der Jugendhilfe bei
häuslicher Gewalt. In: Kavemann, B. & Kreyssig, U. (Hrsg.). Handbuch Kinder und häusliche Gewalt (3., aktualisierte und überarbeitete Aufl.). Wiesbaden: Springer Verlag.

http://www.big-
praeventi-
on.de/sites/default/files/bak/veroeffentlichungen/broschueren/pdfs/bi
g-praevention-flyer2010.pdf Zugriff am 10.08.2017

https://www.caritas.de/hilfeundberatung/ratgeber/familie/ueberforderteelte
rn/ehe--familien-und-lebensberatung Zugriff am 10.08.2017

http://www.frauenhaus-hannover.org/infos-hilfe-kinder/andere-hilfe-fuer-
kinder-jugendliche.html Zugriff am 12.08.2017

http://www.frauenhilfe-
muenchen.de/pdf/fachtag/Bloss_dabei_oder_mittendrin-Zitate.pdf Zugriff
am 21.08.2017

https://www.frauenrechte.de/online/index.php/themen-und-
aktionen/haeusliche-und-sexualisierte-gewalt/146-was-ist-haeusliche-
gewalt/293-folgenhaeuslichergewalt zugriff am 12.08.2017

http://www.gewalt-ist-nie-okay.de/ Zugriff am 21.07.2017

http://www.ksz-hannover.de/Fuer_Fachkraefte /Haeusliche_ Gewalt/c/402
Zugriff am 20.08.2017

https://www.hannover.de/Leben-in-der-Region-Hannover/Verwaltungen-Kommunen/Die-Verwaltung-der-Landeshauptstadt-Hannover/Dezernate-und-Fachbereiche-der-LHH/Bildungs-%2C-Jugend-und-Familiendezernat/Fachbereich-Jugend-und-Familie-der-Landeshauptstadt/Jugend-und-Familienberatung-der-Landeshauptstadt-Hannover/Jugend-%2C-Familien-und-Erziehungsberatung Zugriff am 10.08.2017

http://www.kidsinfo-gewalt.de

http://www.telefonseelsorge.de/ Zugriff am 17.08.2017

http://www.zeit.de/gesellschaft/familie/2015-05/kindesmisshandlung-statistik-gewalt-tsokos Zugriff am 15.08.2017

Häusliche Gewalt – Was tun in der Schule? Ein Leitfaden für die Praxis. (2016). Zugriff am 15.07.2017 http://www.pinocchio-zh.ch/upload_data/editor/files/Leitfaden%20H%C3%A4usliche%20Gewalt%20-%20was%20tun%20in%20der%20Schule%281%29.pdf

ICD-10-GM Version 2017. Zugriff am 21.08.2017 https://www.dimdi.de/static/de/klassi/icd-10-gm/kodesuche/onlinefassungen/htmlgm2017/block-f40-f48.htm

Jaede, W. (2007). Kinder für die Krise stärken, Selbstvertrauen und Resilienz fördern. Freiburg in Breisgau: Herder Verlag.

Julius, H. (2009). Bindung und familiäre Gewalt-, Verlust- und Vernachlässigungs-erfahrungen. In: Julius, H., Gasteiger-Klicpera, B., Kißgen, R. (Hrsg.). Bindung im Kindesalter. Diagnostik und Interventionen. Göttingen: Hogrefe Verlag.

Julius, H. (2014). Bindung und Entwicklung und bindungsgeleitete Interventionen. Thema: Bindung und Vertrauen. Behinderte Menschen. Zeitschrift für gemeinsames Leben, Lernen und Arbeiten, 37, 2-20.

Jungmann, T. & Reichenbach, C. (2009). Bindungstheorie und pädagogisches Handeln. Ein Praxisleitfaden. Dortmund: Borgmann Media

Kantonspolizei Thurgau. Fachstelle Häusliche Gewalt. Häusliche Gewalt. Was kann/ muss die Schule tun? (2015). Zugriff am 09.08.2017 https://kapo.tg.ch/public/upload/assets/15418/1509_schule hg.pdf

Kinderschutz-Zentrum Hannover (2015), Jahresbericht 2015. Zugriff am 15.07.2017 http://www.ksz-hannover.de/images/web/KSZ_Bericht _2015%20Endversion.pdf

KMK (2013). Handlungsempfehlungen der Kultusministerkonferenz zur Vorbeugung und Aufarbeitung von sexuellen Missbrauchsfällen und Gewalthandlungen in Schulen und schulnahen Einrichtungen. Zugriff am 01.08.2017 http://www.kmk.org/fileadmin/Dateien/veroeffentlichungen _beschluesse/2010/2010_04_20-Handlungsempfehlungen-Vorbeugung-sexueller-Missbrauch_2013.pdf

Koch, C. (2016). Zugriff am 25.07.2017 http://www.paedagogisches-institut-ber-lin.de/index.php?id=49&no_cache=1&tx_news_pi1%5Bnews%5D=5&tx_news_pi1%5Bcontroller%5D=News&tx_news_pi1%5Baction%5D=detail&cHash=9adce9c6f5c14414fbe3bc282d501994

Krautkrämer-Oberhoff & Haaser (2013). Traumpädagogik und Jugendhilfe. Eine Institution macht sich auf den Weg – Werkstattbericht. In: Bausum, J., Besser, U. L., Kühn, M. Weiß (Hrsg.) (2013). Traumapädagogik, Grundlagen, Arbeitsfelder und Methoden für die pädagogische Praxis. (2., erg. und korr. Aufl.). Weinheim und Basel: Beltz Juventa.

Kreuznacht, H. (2001). "Schwierige Schüler" - Zusammenarbeit zwischen Schulen und dem Jugendamt. In: Deinet, U. (Hrsg.). Kooperation von Jugendhilfe und Schule. Ein Handbuch für die Praxis. Opladen: Leske + Budrich.

Kreyssig, U. (2013). BIG Prävention - ein innovatives Konzept zur Prävention häuslicher Gewalt an Berliner Grundschulen. In: Kavemann, B. & Kreyssig, U. (Hrsg.). Handbuch Kinder und häusliche Gewalt (3., aktualisierte und überarbeitete Aufl.). Wiesbaden: Springer Verlag.

Krüger, A. (2010). Erste Hilfe für traumatisierte Kinder. (2.Aufl.). Mannheim: Walter.

Kühn, M. (2013). „Macht Eure welt endlich wieder mit zu meiner!" Anmerkungen zum Begriff der Traumapädagogik. In: Bausum, J., Besser, L., Kühn, M. & Weiß, W. (Hrsg.). Traumapädagogik. Grundlagen, Arbeitsfelder und Methoden für die pädagogische Praxis (3. Aufl.). Weinheim und Basel: Juventa Verlag.

Lamnek, S. & Ottermann, R. (2012). Tatort Familie: Häusliche Gewalt im gesellschaftlichen Kontext. (3. erweiterte und überarbeitete Aufl.). Wiesbaden: Springer VS.

Lang, K. (2015). Trauma und Schule. Umgang mit traumatisierten Kindern und Jugendlichen in Regelschulen. Saarbrücken: Akademiker Verlag.

Lohmann, M. (2016). Traumatisierte Schüler in Schule und Unterricht. Klasse 1-10. Grundwissen, Strategien und Praxistipps für Lehrer (1. Aufl.). Hamburg: AOL-Verlag.

Nuber, U. (2005). Resilienz. Immun gegen das Schicksal? Zeitschrift: Psychologie heute, Seelische Stärke, 32, Nr. 9, 20-24.

Oberndorfer, R. (1999). Häusliche Gewalt im Spielgel der Forschung. In: L-A. Vaskovics (Hg.) Gewalt in der Familie und gesellschaftlicher Handlungsbedarf. Tagungsdokumentation, Staatsinstitut für Familienforschung an der Universität Bamberg. Zugriff am 29.07.2017 http://www.ifb.bayern.de/imperia/md/content /stmas/ifb/materialien/mat_1999_4.pdf

Opp, G. (2006). Die Kraft der Peers nutzen – Theorie und Konzeption. In: Opp, G. & Unger, N. (2006). Kinder stärken Kinder. Positive Peer Culture in der Praxis. Amerikanische Ideen in Deutschland VII. Hamburg: edition Körber-Stiftung.

Opp, G. (2006). Kindheit und Jugend heute – Chancen und Risiken in der Zeit des Heranwachsens. In: In: Opp, G. & Unger, N. (2006). Kinder stärken Kinder. Positive Peer Culture in der Praxis. Amerikanische Ideen in Deutschland VII. Hamburg: edition Körber-Stiftung.

Opp, G. & Brosch, A. (2012). Positive Peerkultur in schulischen Kontexten. In: Hellbrügge, T. & Schneeweiß, B. (Hrsg.). Kinder im Schulalter. Verhaltensstörungen – Lernprobleme – Normabweichungen. (1. Aufl.). Stuttgart: Klett- Cotta Verlag.

Opp, G. & Wenzel, E. (2009). Schule: Schutz- oder Risikofaktoren kindlicher Entwicklung. In: Brisch, K. H. & Hellbrügge, T. (2009). Bindung und Trauma. Risiken und Schutzfaktoren für die Entwicklung von Kindern. Stuttgart: Klett-Cotta.

Piel, C. (2013). Die Vernachlässigung der Vernachlässigung., Elterliche Kindes-vernachlässigung mit dem Schwerpunkt emotionale Vernachlässigung. München: AVM.

Prävention häuslicher Gewalt mit Mädchen und Jungen (2011). Betrifft: Häusliche Gewalt. Empfehlungen der Expertinnen- und Expertenkommission des Koordinationsprojekts „Häusliche Gewalt". Hannover: Landespräventionsrat Niedersachsen (LPR).Zugriff am 20.08.2017 https://www.dgfpi.de/tl_files/pdf/medien/2012-04-02_Praevention-haeuslicher-Gewalt-2011.pdf

Rosner, R. & Steil, R. (2013). Fortbildung, Jugendpsychiatrie Teil III: Traumafolgestörungen Posttraumatische Belastungsstörung bei Kindern und Jugendlichen. DNP – Der Neurologe & Psychiater 2013; 14 (1.

Rudolph, S. (2007). Kinder stärken gegen häusliche Gewalt. Ansätze für Interventionen und Aufklärung in der Schule. Marburg: Tectum-Verlag.

Schmid, M. (2016). Modul 1, Lerneinheit 1: Entwicklungspsychopathologische Grundlagen – Auswirkungen von komplexen Traumafolgestörungen auf die pädagogische Begleitung von Menschen. E-Learning Kinderschutz. ECQAT Traumapädagogik. Grundlagenkapitel. Ulm: KJPP Ulm, Universitätsklinikum.

Schrapper, C. (2011). Hilfen zur Erziehung, Kinderschutz und Schule – Abgrenzungen und Zugänge. In: Fischer, J., Bucholz, T., Merten, R. (Hrsg.). Kinderschutz in gemeinsamer Verantwortung von Jugendhilfe und Schule. (1. Aufl.). Wiesbaden: VS Verlag.

Schul- und Jugend-Rundschreiben Nr. 1/2006 über gegenseitige Information und Zusammenarbeit von Jugendämtern und Schulen (2007). In: Gewalt gegen Kinder und Jugendliche. Was ist zu tun? Ein Wegweiser für Berliner Erzieherinnen/ Erzieher und Lehrerinnen/ Lehrer. Berlin: BIG – Berliner Interventionszentrale bei häuslicher Gewalt. Zugriff am 15.08.2017 http://www.big-berlin.info/sites/default/files/medien/wegweiser_erzieherinnen.pdf

Schutz des Kindeswohls bei häuslicher Gewalt (2010). Schutz des Kindeswohls bei häuslicher Gewalt. Handlungsempfehlung für Jugendämter, andere Behörden und Beratungsstellen. LandesPräventionsrat Sachsen. Zugriff am 15.08.2017
http://www.lpr.sachsen.de/download/landespraeventionsrat/
Ganz_NEU_HaeuslGewalt_NEU_fuer_Internet.pdf

Sommer, A. (2009). Kinder stärken bei elterlicher Partnerschaftsgewalt. Häusliche Gewalt ein Thema für den Unterricht. Informationen und Material für die Präventionsarbeit mit Schülerinnen und Schülern mit dem Beispiel einer Unterrichtseinheit für die 5./6. Klasse. Siegburg: Runden Tisch gegen häusliche Gewalt im Rhein-Sieg-Kreis. Zugriff am 15.08.2017
http://www.rhein-sieg-kreis.de/imperia/md/ content/cms100/buergerservice/aemter/amt_10/kinder_st_rken-mappe.pdf

Strasser, P. (2001). Kinder legen Zeugnis ab. Gewalt gegen Frauen als Trauma von Kinder. Innsbruck: Studienverlag.

Sturzenhecker, B. (2001). Kooperation Schule und Jugendarbeit zum Thema "Gewalt". In: Deinet, U. (Hrsg.). Kooperation von Jugendhilfe und Schule. Ein Handbuch für die Praxis. Opladen: Leske + Budrich.

Terhart, E. (2011). Lehrerberuf und Professionalität: Gewandeltes Begrifssverständnis – neue Herausforderung. In: Helsper, W. & Tippelt, R., Pädagogische Professionalität. Zeitschrift für Pädagogik, 57. Beiheft, weinheim und Basel: Beltz Verlag.

Thom, A. (2009). Traumatisierung in der Kindheit und ihre Folgen: Anforderungen an die soziale Arbeit. Hamburg: Diplomica Verlag.

Wagner, W. (2013). Psychoanalytische Sozialpädagogik als Traumapädagogik. Familienanaloge Ersatzelternschaft für psychosozial hochbelastete Kinder. In: Bausum, J., Besser, U. L., Kühn, M. Weiß (Hrsg.) (2013). Traumapädagogik, Grundlagen, Arbeitsfelder und Methoden für die pädagogische Praxis. (3. Aufl.). Weinheim und Basel: Beltz Juventa.

Wieners, K. & Hellbernd, H. (2000). Gewalt macht krank. Zusammenhänge zwischen Gewalt und Gesundheit. In: Länderbericht der Bundesrepublik Deutschland des European Women´s Health Network EWH-NET, (2.Aufl.). Hannover. Zugriff am 21.08.2017 http://www.gesundheit-nds.de/ewhnet/Country_Reports/ Germany_D.PDF

Werner, E. E. (1990). Protective Factors and Individual Resilience. In: Meisels, S. J. & Shonkoff, J. P. (1990). Handbook of Early Childhood Intervention. Cambridge: Cambridge University Press.

Wustmann, C. (2015). Resilienz. Widerstandsfähigkeit von Kindern in Tageseinrichtungen fördern. (5. Aufl.). Weinheim und Basel : Beltz Verlag.

Wöller, W. (2006). Trauma und Persönlichkeitsstörungen, psychodynamisch-integrative Therapie. Stuttgart: Schattauer GmbH.

Zander, M. (2010). Armes Kind – starkes Kind? Die Chance der Resilienz. (3. Aufl.). Wiesbaden: VS Verlag für Sozialwissenschaften.

Zimmermann, D. (2017). Traumabezogene Diagnostik – Überlegungen zu einem umstrittenen Aspekt pädagogischer Professionalität. In: Praxis Traumapädagogik Perspektiven einer Fachdisziplin und ihrer Herausforderungen in verschiedenen Praxisfeldern. (1. Aufl.). Weinheim: Beltz Juventa.